目标管理法

Management by Objectives

陈伟
著

古吴轩出版社
中国·苏州

图书在版编目（CIP）数据

目标管理法 / 陈伟著. — 苏州 ：古吴轩出版社，2019.1
ISBN 978-7-5546-1260-6

Ⅰ. ①目… Ⅱ. ①陈… Ⅲ. ①企业管理－目标管理 Ⅳ. ①F272.71

中国版本图书馆CIP数据核字（2018）第291563号

责任编辑：蒋丽华
见习编辑：沈师伃
策　　划：吴海燕
装帧设计：润和佳艺

书　　名：目标管理法
著　　者：陈　伟
出版发行：古吴轩出版社
地址：苏州市十梓街458号　　邮编：215006
Http：//www.guwuxuancbs.com　　E-mail：gwxcbs@126.com
电话：0512-65233679　　传真：0512-65220750
出 版 人：钱经纬
印　　刷：河北盛世彩捷印刷有限公司
开　　本：670×950　1/16
印　　张：15
版　　次：2019年1月第1版　第1次印刷
书　　号：ISBN 978-7-5546-1260-6
定　　价：49.80元

PREFACE

前言

目标管理，不只是树个靶

也许你有远大的梦想，但未必真的有目标。看看那些空谈梦想而徘徊不前的人，他们要么懒得行动，要么不知道该怎样实现自己的抱负，始终到达不了目的地。老话说得好：“无志之人常立志，有志之人立长志。”立志就是制定目标，“立长志”用现在的话来说，就是“进行目标管理”。

目标管理的定义是以目标为导向，以人为中心，以成果为标准，而使组织和个人取得最佳业绩的现代管理方法。

目标管理法的操作原理很简单。说白了，就是把组织战略目标、高级策略目标、中级目标、初级目标、具体任务和执行方案打造成一个企业目标体系。高层管理者负责制定组织战略目标和高级策略目标，中层管理者负责制定中级目标，基层管理者负责制定初级目标，岗位责任人根据具体任务来制订执行方案。

根据实际情况，我们可以将企业目标体系再简化为三个层级：企业目标、部门目标和员工目标。具体任务和执行方案贯穿于这三个层级的目标当中。大体情况见下表：

企业目标	设置企业发展总目标，将总目标逐级分解为可操作的具体任务，并为实现各级目标而制订明确的市场战略规划
部门目标	利用企业内外部资源，围绕企业发展总目标，设置生产、销售、采购、财务管理、质量管理、人力资源管理等目标
员工目标	落实部门下达的特定目标，完成岗位上每月、每周甚至每天的工作，并保证工作质量经得起考验

由此可知，进行目标管理能把企业上上下下的工作任务安排得井井有条，为每一位员工标出了靶心，让他们知道该往哪里射击。但不要以为制订了明确的目标规划，就算是用好了目标管理法。如果企业管理者没有改变对员工的管理思路，那么这就是不专业的目标管理。

美国管理学大师彼得·德鲁克说过："目标管理改变了过去经理人监督下属工作的传统方式，取而代之的是主管与下属共同协商具体的工作目标，事先设立绩效衡量标准，并且放手让下属努力去达成既定目标。这种双方协商一个彼此认可的绩效衡量标准的模式，自然会形成目标管理与自我控制。"

不难发现，目标管理法的真正精髓是用平等协商的方式来制定共同目标，然后围绕相关目标一起努力。为了贯彻这种精神，本书以目标管理的操作流程为主线，论述了目标管理法在实际应用中的常见问题。"常立志"的朋友不妨对照一下自己在哪些方面存在不足，"立长志"的朋友可以借此书提及的工具和方法来进一步完善日常的目标管理。

CONTENTS
目录

第三章 制订目标管理规划，从分解各部门任务开始

第四章 克服阻碍因素，确保目标进展顺利

第五章 跟踪执行过程，优化日常管理和资源配置

第八章 OKR工作法，风靡全球的目标管理利器

附 录

后 记

第一章
初识目标管理法，这些知识要记牢

目标管理法应该成为组织成员的行动指南。在此之前，我们需要了解目标管理法的来龙去脉，避免用错误的认识来指导组织发展。企业应该先认清自己面临着哪些挑战和潜在障碍，明确推动目标管理所需要的基础条件，这样才能避免团队在执行目标任务的过程中产生分歧，变成一盘散沙。不同的企业在管理风格上存在差异，所以管理者在使用目标管理法时应该充分考虑企业自身的特点。

目标管理法的前世今生

要点提示

a．“目标管理”的概念是由谁提出来的，最早产生于什么时候。

b．目标管理法有哪些特征，跟传统的管理方法有什么本质差异。

c．在过去的实践中，目标管理法有哪些缺点，又有哪些优点。

想要掌握一种管理方法，最好的办法就是先了解其来龙去脉。目标管理法有很强的实用性，但它并不是新事物，而是已经经过了多年的实践。作为企业管理者，无论你是最高层的CEO（首席执行官），还是普通的项目组负责人，至少要明白目标管理法的基本概况。我们接下来要讲的是目标管理法的产生背景、基本特征和优缺点。

一、目标管理法产生的背景

“目标管理”的概念最早出现在1954年，是美国管理学大师彼得·德鲁克提出来的。他后来又提出了“目标管理和自我控制”的理念，目标管理法由此诞生。当时的西方发达国家刚摆脱第二次世界大战带来的衰败，恢复了些许元气，开始逐渐转入高速发展阶段。此时的企业迫切需要一种新的管理方法来提高员工的工作积极性，强化组织的市场竞争力。这就是目标管理法产生的背景。

美国通用电气公司是全世界最先采用目标管理法的企业，并因此取得了令人瞩目的成果。目标管理法随后在美国、日本等国家和地区迅速传播，成为举世公认的先进科学管理方法。我国从20世纪80年代初开始在企业使用目标管理法。时至今日，目标管理法在我国越来越被普及，但仍有很多企业缺乏目标管理意识。这种管理方法自身也通过不断更新变得更为完善，在社会各界都有广泛的应用。

二、目标管理法的特征

与传统的科学管理方法相比，目标管理法有三个显著特征：

1. 以人为本

目标管理法要求组织管理者与员工亲自参与目标的制定工作，把个人需求与组织目标有机结合起来。在这种制度下，上级与下级的关系比较平等，他们在工作上相互支持、相互尊重。而且下级因承诺完成目标而变得更有责任心，能得到上级的充分授权，从单纯服从命令的被动工作方式转为以自我管理为核心的主动工作模式。

2. 建立环环相扣的目标体系

目标管理法把组织的总体目标逐级分解，转换为各部门、各员工的分目标。这些目标环环相扣，形成了一个有机整体。而且在分解目标的过程中，各层级的工作人员实现了权、责、利的统一。只有每个人按时、按质、按量完成自己的分目标时，总目标才有望实现。这就大大提高了组织各环节的协作能力。

3. 重视成果

目标管理法的起点是制定目标，终点是目标绩效考核。上级主要负责监督结果和为下级提供足够的支持，对下级如何完成目标并不过多干涉，而是给予其一定的自主权。目标完成程度是人事考核和奖惩的依据，也是所有执行者和管理者最关心的问题。

三、目标管理法的优缺点

虽然目标管理法已经经过了多年的实践，但也不是完美无缺的。我们在使用这种管理方法之前，应该了解一下它的优点和缺点。

1. 目标管理法的优点

◆提高组织和个人的绩效水平。

◆改进组织的职能分工与作业流程。

◆调动各部门的积极性，激发员工的主动性和创造性。

◆促进组织内部沟通，加深员工对组织发展方向的了解。

对于那些技术具备可分性、责任比较明确、考核内容可以充分量化的组织团队来说，目标管理法把目标层层分解为可操作的具体任务，优化了作业流程，能立竿见影地提高组织运营效率。由于目标管理法把每一位员工的个人利益和组织利益紧密地联系在了一起，能让员工按照组织希望的方向去努力工作。

2. 目标管理法的缺点

◆难以制定出合理可行的目标。

◆操作细节较繁杂，管理成本可能会有所增加。

◆奖惩难以保证真正的公平性。

◆目标管理的哲学假设未必都成立。

对于处理那些在技术上不可分解、考核指标难以量化的工作，目标管理法的功效会大打折扣。由于目标管理法细化了很多操作细节，团队运作时需要更多的沟通。如果各部门的思想不统一，就会导致管理成本增加。目标管理法的绩效奖惩围绕目标实现程度展开，可能因忽略目标本身的操作难度而片面强调结果，低估执行者的实际贡献。目标管理法假设每个人都能自主管理，但实际上大多数人缺乏自主管理的能力和意识。假如用人不当，目标管理法可能会失效。

为什么企业需要目标管理法

要点提示

a. 目标管理法会给团队成员之间的关系带来什么样的变化。

b. 目标管理法能在哪些方面提升企业的核心竞争力。

c. 为什么说目标管理法综合了“以工作为中心”和“以人为中心”这两种理念的优点。

大多数企业最头疼的问题，不是没有规章制度，也不是没有发展计划，而是执行力不足。徒有宏伟的战略目标而缺乏能真正贯彻落实目标的执行者，这个短板制约了无数企业的发展。虽然管理层三令五申，屡次开展整风运动，但效果乏善可陈。究其原因，不一定是员工缺乏斗志、好逸恶劳。很多时候，员工也想实现企业的蓝图，但不懂得如何制定清晰可行的工作目标。目标管理法的诞生，就是为了解决这个普遍存在的管理难题。

一、目标管理法的作用

众多企业的实践结果表明，目标管理法主要有以下四个作用：

1. 促进战略思考

企业在使用目标管理法之前，必然要考虑自己的发展目标。未来该朝什么方向做，是一个值得深思熟虑的战略问题。通过思考来提升格局与开拓视野，站在更高的角度来明确自己的愿景。不再只是埋头赶路，满足于完成各种指标，而是抬头看路，检视道路是否正确。这样才能避免急功近利，立足长远来制订发展规划，不在纷繁复杂的市场变化中迷失方向。

2. 提高沟通效率

目标管理法要求上下级共同讨论目标的设定，并且倡导组织团队进行月度跟踪交流、季度评估交流和员工大会交流。通过密切沟通，组织的目标会越来越清晰。每个员工也能清楚地知道自己在目标管理体系中扮演什么角色，需要完成哪些任务，怎样获取达成目标所需的资源，有哪些不足之处有待改进。

3. 提供考核指标制订依据

目标管理法通过设置多个层次的目标为我们提供了制订绩效考核指标的依据。一般情况下，绩效考核指标相对固定、变化较少，但市场形势变化很频繁，企业发展目标会时常调整。如果不用目标管理法来进行绩效考核指标的制订工作，就会导致绩效管理跟企业实际发展要求脱节的现象，不利于完成企业的目标。

4. 加强组织凝聚力

一个组织的战斗力与其凝聚力成正比。由于每个组织成员的思想、性格、工作习惯存在差异，成员们很容易产生意见分歧，在沟通协作过程中产生摩擦。组织形成不了合力，就难以得到良好的发展。目标管理法把所有人凝聚在同一个总目标下，每个人的努力都在为统一的目标服务。这样就大大增强了组织的凝聚力，减少了无谓的内耗，提高了所有人的工作积极性。

二、使用目标管理法的重要意义

除了上述四个作用之外，目标管理法对企业的运营管理还有两个重要意义：

1. 为企业理清各种目标，增效节能

在实践过程中，不少企业存在各部门配合不协调局面。比如，销售部门发现产品已经不再符合市场需要，难以推销成功，但生产部门只顾着按原定指标生产产品，采购部门依然按原定计划大量采购原材料，从而造成大量库存积压，企业资金紧张、运营困难。目标管理法在为企业明确总目标的同时，也统筹规划了各级目标，并根据反馈评估结果来随时调整原定目标。这样就减少了运营的盲目性，节省了企业资源，提高了组织的运营效率。

2. 把“以工作为中心”和“以人为中心”结合起来

“以工作为中心”和“以人为中心”是企业管理的两种不同理念。前者利于提高工作效率，但对企业内部的人际关系处理比较僵硬粗暴。后者的管理模式虽然比较人性化，但有时候会牺牲工作效率。目标管理法用目标统筹常规工作任务，又把改善工作环境和提高员工满意度设为工作目标，把“以工作为中心”和“以人为中心”有机结合在一起。

推动目标管理所需的基础条件

要点提示

a. 组织的价值理念对目标管理法的应用有哪些影响。

b. 组织高层领导对目标管理法的态度通常是怎样的。

c. 目标管理法对组织成员自我管理能力的要求有多高。

目标管理法不是说用就能用的，而是存在一定的门槛。如果缺乏一些必要的基础条件，企业最多能做到设置种类繁多的目标，而无法运用好目标管理法。我们来看一下推动目标管理所需的四个基础条件。

一、组织有明确的价值理念

组织的价值理念就是组织的核心价值观，即一个组织的最高处事准则和行为指导思想。企业组织的共同目标就是赚取利润，但这不是真正的价值理念。真正的企业价值理念规定了组织的战略发展方向。比如，迪士尼的价值理念是“为所有人创造欢乐和幸福”，华为的价值理念是“成为世界级领先企业”，阿里巴巴的价值理念是“让天下没有难做的生意”。这些具有明确针对性的核心价值观，决定了一个企业的追求。组织所有的发展目标和战略规划，都会围绕着这个价值理念展开。倘若缺乏具有明确针对性的核心价值观，目标管理法连目标都找不到。

二、高层领导重视目标管理

没有高层领导的支持，目标管理法的应用是绝对无法成功的。目标管理法的起点是制定企业的总目标，其他的目标都是由总目标分解出来的。试问，公司里谁才有权利制定总目标？毫无疑问，只有高层领导们能做到。我们必须争取到至少一位高层领导来支持目标管理法，这个人最好是CEO。当高层领导认为目标管理法符合自己的价值观和个人工作习惯时，就会大力推行这种科学管理方法。反之，目标管理法只能在局部施行，这样就发挥不了它完整的功效。

三、组织成员具备自我管理能力

目标管理法主张上级充分授权，下级根据统一的目标进行自主管理。这个想法本身是好的，但是否适合你所在的企业，还需要打个问号。真正具备自我管理能力的人才，是目标管理法最好的执行者，也是上级领导最放心的下属。他们不需要太多督促就能努力工作，踏踏实实地把任务完成。换言之，只有当组织成员工作自觉性足够高时，目标管理法才能被有效执行。

四、组织有明确的任务分析

目标管理法要求把目标分解细化为具体的任务。所以，组织有明确的任务分析也是运用目标管理法的一个基础。任务分析的内容主要包括以下几点：

◆工作任务的内容是什么？

◆工作过程中的角色是什么？

◆完成该任务的岗位职责是什么？

◆完成任务会使用哪些工具？

◆怎样使用这些工具？

◆该任务与哪些任务存在联系？

◆该任务与其他任务分析内容有何不同？

◆如何完成工作目标任务？

◆该任务会涉及哪些工作流程？

◆完成任务的具体期限是什么时候？

◆完成任务的标准是什么？

◆完成任务需要哪些资源和支持？

◆如何组织安排任务？

◆与其他部门的合作及界限是什么？

总之，企业管理者应该从上述四个方面认真调查组织是否具备实施目标管理法的基本条件。假如条件不成熟的话，我们首要的工作就是把基础打牢，而不能急于求成。哪个环节薄弱，就针对哪个环节补强。只有这四个基础足够牢固，目标管理才不会沦为半拉子工程。

用目标管理卡把目标责任落实到具体的人

要点提示

a. 每个部门都应该把工作流程中各环节的责任落实到具体的人。

b. 管理者应当帮助部下制定合理的目标，并明确其岗位职责。

c. 目标管理必须贯彻人人对事负责的原则，减少不必要的检查与返工。

想要目标管理法真正产生效果，就得建立人人对事负责的目标责任制。当每个人都对自己的工作负责时，就能争取一次通过，不必重复检查和返工。每个环节都减少失误和返工，就能顺利实现个人目标、部门目标和公司总目标。

一、确立目标责任制，帮下级制定目标

目标责任制要明确具体的责任人、达标条件、未完成目标时应该承担的责任。只有这样，管理者才能从繁杂的流程中找出问题，理清具体的责任，确保目标可以按时完成。管理者的主要任务是根据总目标来帮下级设置合理的目标。

1. 可能遇到的阻力

◆下级跟上级讨价还价，设法降低工作目标，减轻自己的任务量。

◆下级对工作目标没有概念，不知道该怎么执行。

◆下级缺乏独立思考的能力，习惯于被动接受上级下达的指示，没有具体指示就不作为。

◆下级不懂得怎样把个人目标与部门目标、公司总目标结合起来，在执行目标的过程中妨碍了部门目标和公司总目标的进度。

2. 化解阻力的方法

（1）解释制定目标的好处

管理者应该向下级清楚地解释，制定目标能给他们和公司、部门带来哪些好处，用利益引导下级承担更多的目标责任。

（2）鼓励下级自己制定目标

管理者要多肯定下级取得的成绩，同时要鼓励他们独立思考，主动给自己制定目标并提出解决潜在问题的方案。

（3）根据难易程度来推行计划

管理者应该引导下级合理安排工作顺序，根据难易程度来逐步推行计划。

（4）把目标和绩效考核结合起来

管理者必须告诉下级，目标能否按时、按质、按量完成对绩效考核有直接影响。

（5）充分指导下级的工作

下级可能对实现目标缺乏信心。管理者应该帮助他们增加自信，让他们知道自己能得到什么程度的支援；指出下级在工作中的不足，提醒他们强化相关的能力，在必要时给下级充分授权，发挥其主观能动性。

二、目标管理卡

目标管理卡是许多大企业使用的目标管理工具。目标管理卡可以按照使用期限或者部门团队来分类，每个部门和员工都可以制订目标管理卡，员工可以用它来进行自我评估，而管理者也可以利用目标管理卡来审核目标执行效果。每个人的目标管理卡可以根据不同部门的职能来增减内容，使其更加符合目标管理的需要。

1. 目标管理卡的三个功能

（1）明确目标与责任

明确责任人的目标内容、目标值要求、完成期限等情况，以及管理者应该提供的支持和授权。

（2）实施控制依据

目标管理卡能揭示实现目标的措施和工作进度安排，帮助责任人完成自我控制，利于管理者跟踪监督。

（3）目标成功评价凭证

目标管理卡能规定目标项目、目标值和实现目标的要求等情况。责任人可以根据目标管理卡来评价自己的表现。管理者则能以此为评价依据。

2. 目标管理卡的基本项目

（1）目标项目

目标项目指的是该项目的内容和执行者应该达到的目标值。

（2）权限和条件

权限指的是目标责任人为了实现目标，需要管理者授予的相关权利。

条件指公司能为目标项目提供的人力、物力、财力和信息等方面的支持，以及目标组织人对管理者及合作部门提出的工作要求。

（3）进度

进度指的是目标责任人和管理者经过认真研究和反复讨论后一致认可的目标实施计划的进度。进度的期限可以根据目标的长短来进行安排，时间单位可以从年、季、月、周中酌情挑选。

（4）自我评价

自我评价指的是目标组织人对目标完成情况和取得的成果进行的自我评价。自我评价的内容主要是目标执行过程中的经验教训总结。

（5）管理者评价

管理者评价指的是管理者根据目标管理卡的要求和目标责任人的自我评价来对目标实施结果进行考核，并根据考核结果提供意见或建议。

（6）奖惩措施

奖惩措施指的是管理者根据目标能否按时完成，对目标责任人或其直接上级在任用、职务、薪酬福利等方面进行奖惩。

3. 目标管理卡模板

<table>
<tr><td colspan="7">目标责任单位：
目标责任人：
建卡日期：</td></tr>
<tr><td>目标项目</td><td>权数</td><td>权限和条件</td><td colspan="4">进度（周）</td></tr>
<tr><td rowspan="2"></td><td rowspan="2"></td><td rowspan="2"></td><td>第1周</td><td>第2周</td><td>第3周</td><td>第4周</td></tr>
<tr><td></td><td></td><td></td><td></td></tr>
<tr><td>自我评价</td><td colspan="6"></td></tr>
<tr><td>管理者评价</td><td colspan="6"></td></tr>
<tr><td>奖惩措施</td><td colspan="6"></td></tr>
</table>

目标管理法应用失败的常见原因

要点提示

a. 使用目标管理法时要避免目标不清晰、不具体、不合理的情况出现。

b. 目标管理法要求尽可能地量化目标，但单纯依赖定量目标会出现很多管理盲区。

c. 高层管理者应该合理下放权利，给下级提供足够的支持。

有目标而无目标管理法，是我国企业的一个普遍现象。有些管理者尝试过目标管理法，但没有应用成功，于是就丧失了信心。其实，目标管理法经过多年的实践，确实是一种实用的管理方法。只不过，使用者的认识不到位，没有吃透目标管理法的精髓，才导致方法失灵。以下是导致目标管理失败的五个常见原因：

一、目标笼统模糊

目标管理法是一种讲究精确性和明细化的管理方法。只有把总目标逐级分解为不同层次的目标，才能让管理落到实处。遗憾的是，制定的目标不清晰、不具体是企业常见的问题。有的企业只有一个宏观的总目标，制定目标时也只是考察年度的销售额、营业收入、利润增长情况、成本控制情况，而没有具体的目标规划。比如成本控制目标，不能只提企业计划今年削减多少成本，而应该给每个部门都设置具体的成本控制要求。不然的话，各部门根本不知道该从哪里削减费用支出。

二、目标分解不合理

不少企业在分解目标这个环节中出现了差错，导致目标“扭曲走形”，无法正常操作。比如，总目标中的关键任务没能有效分解，让执行者缺乏足够的资源和权利去操作；层层摊派下来的个人任务过于繁重，设置的期限完全没有考虑走完整个流程的必要时间；有的部门目标多、任务重、绩效考核指标严苛，有的部门工作本来就相对轻松，分配的任务却很少，绩效考核指标也很宽松，这毫无公平可言。不合理的目标，会让公司上下都感到别扭，无法有效执行。

三、只看定量目标而忽视定性目标

企业在使用目标管理法时，大多以定量目标为主，少有定性目标。因为定量目标可以用数值来衡量，评价标准比较客观，更容易进行考核。定性目标通常不能量化为数值，难以精确评估，判断标准主观性比较强。

不过，单靠定量指标无法反映出企业工作的全貌。比如，技术创新工作需要投入大量资金、时间、物力和人力，在较长时间内只会烧钱而无法带来效益，可一旦研发成功就会给企业带来惊人的回报。若是单纯以定量目标来估算技术研发部门对企业的贡献，就会误以为该部门是个不能产生效益的累赘。实践证明，只看定量目标而忽视定性目标的企业容易犯“短视病”。而目标管理法要求人们具备长远的眼光。

四、授权处置不当

分配到每个岗位上的目标通常是具体的、可以完成的，某些岗位的目标需要较多的资源和支持。如果没有足够的权限，目标执行者就不能调动足够的资源和人手。这可能导致目标无法按计划完成。所以，管理者在给下级分配目标的同时，还要对相关人员进行授权。偏偏很多管理者在这个问题上处置不当。具体表现包括舍不得放权、放权过度而监督力度不够、时而放权时而收回、授权后常常越俎代庖、只下放权利而不提供其他支持等。这些做法会给目标执行者带来后顾之忧，让他们不能放手做事。

五、只看考核结果而忽视过程管理

某些企业以为只要能完成考核任务，目标自然就会实现，于是对过程管理毫不上心。这个认识误区会严重削弱目标管理法的应用效果。倘若只考核结果而不问过程的话，并不能准确反映执行过程中付出的成本。同样的结果，可能出自多快好省的工作方法，也可能是用高投入、高消耗换来的。这样一来，生产销售目标虽然达成了，但是成本控制目标没有实现，总目标完成率大打折扣。目标管理法就是通过全程跟踪过程来确保目标被贯彻落实。因此，我们在使用目标管理法时应该同时关注结果和过程。

总之，我们在应用目标管理法时，应该主动规避以上五个误区。把定量目标和定性目标结合起来，设置清晰具体、层次分明的目标，对执行过程进行全程跟踪管控，授予目标执行者足够的权利。把这些问题都做好，目标管理法自然能真正发挥作用。

第二章
明确发展目标，把公司各项目标纳入完整的体系中

目标管理法的第一个关键步骤就是制定合理的目标。这个看似简单的步骤，操作起来却很难。那些没有采用目标管理法的企业，未必没有自己的目标，说不定早已把目标以考核指标的形式落实到每个月、每一周，甚至每一天的任务中。但罗列大量目标并没有解决这些企业的管理混乱问题。原因实际上只有一个——目标制定得不合理。合理的目标必须有明确的期限，管理责任要落实到具体的人。制定目标时还应该注意沟通和宣传，务必让所有人都能充分理解目标的意义。

制定目标的基本步骤

要点提示

a．为什么说企业内部组织及全体员工的想法和行为都要以目标为导向。

b．管理者在制定目标的时候应该注意哪些问题。

c．制定组织整体目标与制定部门或项目目标的注意事项有哪些区别。

企业要制定的目标主要分为企业发展目标、部门目标、员工目标三个层级。下一层级的目标总是为完成上一层级的目标而服务。所以，管理者应该遵循制定目标的基本步骤，把各级目标纳入一个完整的体系当中，避免因目标制定不合理而导致完不成任务。

一、制定目标的八个步骤

步骤1：根据公司的发展战略规划来设置公司总目标体系。

步骤2：根据公司各个职能部门的工作内容来分配总目标中的分解任务。

步骤3：各部门管理者跟上级共同讨论和制定本部门的目标任务。

步骤4：部门中的全体成员根据部门目标来与直接上级讨论和制定具

体的工作目标。

步骤5：各级管理者与直接下级讨论实现目标的执行计划细则。

步骤6：根据已经公布的计划来实施目标，明确相关责任人的职权和责任。

步骤7：全程跟踪目标完成情况，定期检查可能存在的问题，及时沟通、反馈和处理问题。

步骤8：根据考核结果来奖惩各个目标责任人，总结经验教训，提出改进措施，为制定下一期目标做准备。

二、制定目标时要解决的六个问题

管理者在制定目标时，必须认真考虑以下六个问题：

1. 目标是什么

◆保证在规定时间内高质量完成任务。

◆合理安排和控制工作进度。

◆明确具体的工作对象。

◆确定执行方案和操作技术。

◆理清与目标相关的物资配送、技术援助、质量检测、生产安全保障等问题。

2. 合理的执行时间

◆确定执行的具体起始日期。

◆确定各阶段规定时间内需要完成的工作任务。

◆确定突发事件或意外情况发生时可以宽限的天数和应对措施。

3. 适宜的执行地点

◆选择合适的地点来开展工作。

◆选择合适的物资采购点，确保物资能及时安全送达公司。

◆选择合适的地点来储存物资、货物和设备。

4. 合适的执行人选

◆选择操作技术最出色的人。

◆选择当前操作最方便的人。

◆选择对具体任务最有经验的人。

5. 执行的目的

◆明确执行这项任务的必要性和意义。

◆明确执行这项任务是否符合市场需求。

◆明确执行这项任务能否为公司带来足够的收益。

◆明确客户能否迅速接受我们的执行成果。

6. 怎样执行

◆找出最省时省力的工作方法。

◆找出最能减少失误率的工作方法。

◆找出最经济划算的工作方法。

通过考虑上述问题，管理者能清楚地意识到自己制定的目标忽略了哪些必要的内容，进而改进目标任务规划中的不足之处。

三、根据“SMART原则”来确定目标

SMART原则是目标管理法的一个重要原则，主要用于帮助管理者制定科学合理的目标。SMART原则的具体含义如下：

字母	英文关键词	含义
S	Specific（具体的）	目标任务要切合具体的工作内容，不可以喊大而无当的空头口号
M	Measurable（可衡量的）	目标任务必须是可以量化的标准，可以通过采集数据信息来衡量。如果没有可以验证的数据，就无法对目标执行者进行绩效考核
A	Attainable（可实现的）	目标任务应该是考核对象付出努力后能够实现的，过高的目标不切实际，过低的目标又起不到激励作用
R	Relevant（相关的）	年度经营目标必须跟预算责任单位的职责有密切的相关性。它应该是预算管理部门、预算执行部门和公司管理层反复分析、研究后协商一致的结果
T	Time-based（有时限的）	目标任务应该具备期限，否则工作可能会延迟完成，甚至迟迟出不了成果，无法进行绩效考核

每当我们制定新的目标时，都应该对照一下SMART原则，看看自己制定的目标是否足够具体，是否可以衡量，有没有可行性，跟其他部门目标和公司总目标有无密切联系，时间期限是否明确。只有通过这五个方面的审核，才能保证目标管理的顺利进行。

不可衡量的目标毫无意义

要点提示

a. 使用目标管理法应该考虑哪些关键的量化指标。

b. 如果目标无法量化成数字，管理者应该怎样让它变得可以衡量。

c. 假如目标无法细化，管理者应该怎样让它变得可以衡量。

假如公司制定的发展目标是达到国际领先水平，大家并不知道具体该怎么做。因为“达到国际领先水平”不是一个量化的目标，人们不清楚公司目前和“国际领先水平”到底有多大差距，在哪些方面存在差距。若是把发展目标定为“进入世界500强”，效果就好多了。因为“进入世界500强”是一个可以量化的目标，有明确的入选标准。目标管理法必须以可衡量的目标为起点，否则无法构建卓有成效的工作规划。

一、目标的“可衡量三原则”

不能衡量的目标对目标管理法毫无意义，但并不是每个目标都可以用数字来衡量。比如，研发新产品消耗的资源可以衡量，但效益不能以新产品种类的数量来衡量，否则很容易导致研发人员只顾多出新款产品而不顾产品实际科技含量。显然，可衡量的标准包括但不限于数字指标。我们应该借用管理学大师彼得·德鲁克的“可衡量三原则”。

1. 可量化者全部量化

凡是可以量化的目标，都应该用数字指标来衡量，比如产品销售额、计划完成进度、原材料合格率等指标。我们可以把量化指标分为三类：

（1）时量指标：用于量化时间要素，包括期限、天数、及时性等。

（2）数量指标：用于量化数量要素，包括产量、次数、频率、销售额、利润率、支出费用等。

（3）质量指标：用于量化工作质量，常以百分比或次数的形式出现，包括满意度、通过率、达标率、投诉率等。

2. 不可量化者要设法细化

企业文化建设、新技术研发、工作环境美化等工作，并不适合用数字指标来量化，那样会脱离实际。但我们依然可以把这些看起来比较“虚”的目标变得可以衡量，具体做法是把评价标准尽可能地细化。比如，工作环境美化可以设定为办公室地面整洁、桌面无污渍、窗户干净、绿化植被较多等细化的评价标准。通过检查各个具体任务的完成情况，就能比较准确地衡量目标完成进度。

3. 不能细化者要设法流程化

假如遇到了不能量化又不适合细化的工作（比如保安巡逻、财务算账等），我们可以通过流程化来衡量其价值。针对具体岗位的工作流程来检查每个环节的完成状况，这样也能清楚地衡量目标的完成情况。

总之，在目标管理法中可以存在不能量化的目标，但绝不能出现不可衡量的目标。

二、工作目标任务书模板

我们在制定出一组可以衡量的目标后，还要将其整合成工作目标任务书。下面我们以销售主管工作目标任务书为例，来展示一下工作目标任务书的基本构造。

销售主管______年工作目标任务书

任务名称	任务内容	任务等级	完成期限	达标要求
销售计划方案管理	编制销售计划方案并组织人手实施方案	重要	___年___月___日	及时制订计划且100%执行计划。写出能揭示问题关键的报告
	分析销售计划方案执行效果并提交报告			
销售数据日常管理	汇总统计销售数据，掌握每日销售动态	十分重要	每月___日	及时而准确地收集每天的销售数据，及时上报规范的销售报表
	编制销售报表并及时上报审批	重要	每月___日	
部门员工管理	组织员工参加销售技能和产品知识培训	十分重要	每季度次月___日	培训测试通过率达到100%
	对部门员工进行绩效考核	重要	每月___日	及时开展绩效考核工作
市场调研管理	制订市场调研方案并组织人手实施方案	重要	每月___日	及时编制可行的方案
	分析市场调研方案，提交分析报告	十分重要	随时	从报告中发现实际问题
客户管理	定期回访客户，并记录客户的反馈信息	重要	每月___日	及时回访，准确反馈信息
	组织人手开发新客户或新渠道	重要	每月___日	每月新增客户不少于___个

（续表）

任务名称	任务内容	任务等级	完成期限	达标要求
应收账款管理	组织人手参与应收账款的回收工作	重要	___年___月___日	100%回收应收账款
	制订应对应收账款呆账、坏账的对策	十分重要	___年___月___日	及时制订有效的对策

工作目标任务书把跟岗位工作息息相关的可衡量的目标归纳到了一张表格里。任务名称实际上就是年度工作目标细分后的子目标。任务内容是对子目标的说明。任务等级衡量了各个目标对总目标的重要性。完成期限规定了目标任务的时量指标，达标要求则规定了目标任务的数量指标和质量指标。通过这张简明的工作目标任务书，执行者可以清楚地知道自己该做什么以及做到什么程度。

目标无法完成，可能是因为缺乏可行性

要点提示

a. 目标管理法要求各个层级的目标都具备可行性。

b. 企业管理者可能会因为五个错误而使目标缺乏可行性。

c. 在执行目标的过程中，有四个问题会阻碍人们实现目标。

从某种意义上说，目标的可行性对目标管理法最为重要。假如在经过百般努力后目标依然没有实现，目标管理法就变成了画饼充饥的幌子。我们不仅要确保公司的总目标具备可行性，部门目标、岗位目标、个人目标和长期目标、中期目标、短期目标都应该符合实际。

一、让目标缺乏可行性的五个错误

从可行性的角度来看，公司在制定目标时经常犯五个错误：

1. 宏观指标过高

宏观指标过高意味着公司决策层好高骛远，完全没有考虑企业能否完成总目标。就算经过了逐级分解，不切实际的宏观指标依然会给各部门、

各岗位带来沉重的压力。

2. 年度目标模糊

前面说过目标管理法要求目标尽可能地量化，不能量化的也要细化。模糊的年度目标无法有效分解成量化或细化的小目标。大家不知道该设置什么样的标准才能完成年度任务。

3. 战略目标秘而不宣

战略目标是用来指导公司发展的总纲，也是制定部门目标、岗位目标和个人目标的根本依据。但有些公司对战略目标秘而不宣，公司员工人根本不知道自己制定的目标是否跟公司的战略目标一致。

4. 部门目标相互冲突

各部门的目标具有一定的独立性，却又密切相连。比如，每个部门的预算编制目标和成本控制目标都跟财务部门有密切联系，彼此相互影响。如果公司不从整体规划上统筹安排的话，各部门设置的目标可能就会彼此冲突。

5. 岗位目标不合理

每个岗位的工作内容和工作流程相对固定，相关人员更多是根据所属部门的行政指令来接受任务。部门在设置细分的执行目标时，可能会出现任务安排不合理的现象。给某个岗位安排的任务过重，导致相关人员难以完成岗位目标。

二、阻碍目标可行的四个问题

有时候，目标本身具备可行性，但执行者受制于主客观条件而没有能力完成原本有望实现的目标。为此，执行者必须避免以下四个问题：

1. 对执行力的认识不到位

原因分析：公司管理层对执行环节缺乏认识，制定各项政策时不接地气，又时常朝令夕改，决策草率而盲目，让下面的员工无所适从。当这种情况的出现越来越频繁时，员工就会变得越来越拖拉，对任何方针、政策、指令都不会马上执行，而是先观望情况再说。久而久之，公司的执行力就会不断打折扣，管理层三令五申的事情也难以有效推动。

解决思路：公司领导者应该对执行力问题具备科学的认识，尤其是在日常管理活动中注意目标和政策的合理性。设定切实可行的目标，为执行环节排除各种障碍，建立一套自上而下的高效执行流程和自下而上的执行反馈机制。此外，还要通过培训来提高全体员工对执行力的认识，营造重视执行的工作氛围。

2. 制度流于形式

原因分析：公司没有科学合理的规章制度和约束机制，日常管理制度也流于形式。各项制度看似完备，但缺乏规范的执行流程和工作标准。员工在执行过程中无章可循，公司也没有提供相应的培训，员工只能凭经验和感觉办事，不再遵守脱离实际的制度。领导者以为是员工的思想觉悟不够，实际上是因为制度根本无法执行。

解决思路：管理层应该及时改进不合理的规章制度，避免制度流于形式。通过标准化、规范化、流程化的制度来确保员工在执行过程中有章法可依。每个岗位的人都要知道自己该做什么、按什么标准做、怎么做，把各项制度落实到公司的日常管理运营当中，这样就能保证制度的有效性，提高各环节的执行效率了。

3. 组织结构混乱

原因分析：公司的组织结构设计得不合理，各部门之间的权责不清，上下级关系混乱不堪，有的没有专门的机构负责，有的又面临多头管理的乱象。上级的决策无法有效传达给执行者，下级的反馈意见也不能畅通地传到上级那里。组织内部沟通不畅，执行效率自然高不起来。

解决思路：管理层应该根据实际需要来改善公司的组织结构，合并功能重叠的机构，撤销已经不再需要的机构，建立畅通的上传下达机制，加强各部门之间的横向联系。如果是中小企业，可以采取垂直型组织结构，减少中间环节；如果是大型企业，可以考虑采取矩阵型组织结构，保证组织的灵活性并予以各部门一定的自主权。

4. 缺乏配套的支持措施

原因分析：员工在执行目标任务的时候需要多方面的支持措施。如果得不到有力的支持，目标就无法实现。遗憾的是，某些公司并没有为员工提供足够的配套措施，只是一味地命令员工加大执行力度。这就导致执行者缺乏达成目标的条件，工作积极性受到挫伤。

解决思路：根据目标执行情况来考核每个部门、每个员工的表现。加大对员工执行力的正面激励，设置合理的奖励制度，鼓励员工提高个人执行力。把提高执行力列为公司的重要培训内容，打造重视执行的企业文化。

没设定期限的目标形同虚设

要点提示

a. 如果没设定明确的期限，目标即使量化得再细，执行者也会找各种借口拖延。

b. 完成目标的期限要合理，不能让执行者的负担过于沉重。

c. 执行目标应该积极主动、坚持不懈，提前开始行动。

对于目标管理法而言，“拖延症”是个必须重视的大敌。拖延症堪称工作效率的第一杀手。由于种种原因，大多数人不到最后关头是不会着急工作的，总是在重复“前期偷懒，后期猛赶”的节奏。这些人并非没有明确的目标和规划，恰恰相反，他们已经把任务量化得很细了，只是在执行过程中很懈怠。

为此，目标管理法要求我们给所有的目标都设置一个明确的期限，同时采取一些措施来阻止拖延症在员工中蔓延。接下来，我们先来看看设置期限时应该考虑的问题。

一、设置期限时应考虑的六个问题

序号	问题
1	你是否存在其他急需优先完成的任务？
2	你是否需要他人为你提供支援？
3	团队中的哪些人能为你提供支援？
4	你是否明白完成任务所需的全部步骤，并且与相关人员沟通过？
5	你能否避免被他人要求完成计划外的其他任务？
6	你以前设置的期限能够为本次行动提供什么样的经验教训？

二、不超时的工作好习惯

管理者应在下达任务时向相关目标执行者讲清楚时限要求和超时的处罚标准。期限应该根据完成该项工作所需的时间来设置，最好是由执行者自己制定完成时间，而不是由上级来规定期限。为了避免超出期限，我们应该养成以下习惯：

1. 充分准备

把工作任务的每个分解步骤列成详细的清单，提前准备好所需资料，把每个步骤的工作要点和用时规划好。

2. 从最难的事开始

把任务清单上让你感到最棘手的事当成首要完成目标。一般人喜欢先易后难，但实际上只要解决了最棘手的问题，剩余的工作就会显得很简单。

3. 养成不拖延的好习惯

平时不要给自己找借口拖延，而要养成今日事今日毕的好习惯。这样就不会打乱自己制订的计划，导致前期积压的工作太多而挤占后期工作的正常时间。

4. 养成快节奏

如果我们能保持快节奏办事，就不会出现拖延现象。快节奏工作的好处是能在较短时间内完成更多任务，让目标执行者因高效率而产生更多的信心。

5. 留出弹性时间

不要强迫自己在短期内完美地完成任务，那样会给自己带来巨大的压力。而压力过大正是人们选择拖延的一个主要原因。根据任务清单的每个目标留出弹性时间，让自己能有充分的时间来处理每一个步骤中遇到的问题，这样就能保证按时完成目标了。

三、提高员工执行力的PBC制度

PBC制度也就是个人业务承诺制度，得名于个人业务承诺（Personal Business Commitment）的英文缩写。这种制度的操作方法是，公司制定总目标后把任务细分到各个部门，各部门据此制定部门目标，每个员工再根据部门目标来制订PBC计划。PBC计划通常以半年或一年为周期，既重视团队利益，又要明确任务的权重和目标衡量标准。

1. PBC分类

PBC总体上可分为业务目标、员工管理目标和个人发展目标三类。每一类目标的针对对象都不同，对员工的要求也存在差异。这个分类同时适用于公司高层、中层和基层的员工。

（1）业务目标

◆关键指标KPI

◆关键任务衡量指标

◆业务目标对组织建设和员工管理的要求

（2）员工管理目标

◆年度计划中的人员管理

◆领导力素质模型

◆管理者岗位要求

（3）个人发展目标

◆回顾业务目标

◆确定目标完成后应该改进哪些方面的细节

◆设定新目标来提升自己的能力

2. PBC考察指标

公司对员工PBC的执行情况做定期考察，主要是从业绩完成状况、执行力度和团队精神三个维度进行。在PBC制度中，结果目标承诺对应了业绩完成状况，执行措施承诺对应了执行力度，团队合作承诺对应了团队精神。

（1）结果目标承诺

员工承诺在考核期内要完成什么样的绩效结果目标，以配合部门目标的完成。

（2）执行措施承诺

员工与考核组对完成绩效目标的方法及执行措施达成共识，并把执行措施视为绩效考核的重要部分，确保结果目标能够真正实现。

（3）团队合作承诺

员工和团队成员在交流、互动、理解和相互支持等方面做出承诺，保证团队内部人际关系融洽，保障团队绩效结果目标能高效完成。

通过检验员工PBC的执行情况，我们可以弄清该员工是否兑现了自己的承诺，在期限内圆满完成了自己的工作目标。需要注意的是，这三项指标只要有一项不达标，PBC完成情况就会被鉴定为不合格。PBC制度对员工既是激励也是监督。它对个人的团队合作精神提出了很高的要求，有助于在提高个人工作效率的同时促进团队建设。

量化公司的各项任务，明确目标的轻重缓急

要点提示

a. 目标管理法要求量化公司任务、部门任务、岗位任务以及个人任务。

b. 量化的任务包括年度任务、月度任务、日常管理任务以及人才培养任务等细目。

c. 量化任务时应该注意明确任务目标、对策、任务负责人以及完成时间。

目标管理法追求的是明确的规划和可操作的步骤。唯有如此，公司才能对每个部门、岗位、员工的工作量进行统筹安排。因此，量化任务是目标管理法的一个关键步骤。算清在规定时间内完成任务目标所需的工作量，根据目标的轻重缓急进行合理排序，才能避免工作流程混乱，更好地实现目标。为此，企业有必要量化公司任务、部门任务、岗位任务、个人任务和年度任务、季度任务、日常管理任务。具体操作方法如下：

一、量化公司任务

公司任务可以分为年度任务、月度任务、日常管理任务和人才培养任务。在编制公司任务量化表的时候，要根据公司总体发展需要来设置各项任务的优先等级和完成期限。

公司任务量化表

任务名称	任务内容	优先等级	完成期限	任务要求
年度任务	编制公司年度发展计划	十分紧急	___年__月__日	必须达成
	完成销售目标的95%以上	十分重要	___年__月__日	达成95%以上
	完成企业文化建设目标	重要	___年__月__日	尽量达成
月度任务	完成全部月度生产销售任务	十分重要	___年__月__日	按需达成
	编制月度财务报表	紧急	___年__月__日	必须达成
	准备下个月的各项工作	紧急	___年__月__日	必须达成
日常管理任务	检查劳动纪律	一般	___年__月__日	必须达成
	检查生产进度	重要	___年__月__日	按需达成
人才培养任务	完成年度培训目标	重要	___年__月__日	按需达成
	制订员工职业生涯发展规划	重要	___年__月__日	尽量达成

二、量化部门任务

部门任务是围绕本部门的发展而设置的，同样可以分解为年度任务、月度任务、日常管理任务和人才培养任务。需要注意的是，部门任务的工作内容及优先等级跟公司任务有一定的区别。

部门任务量化表

任务名称	任务内容	优先等级	完成期限	任务要求
年度任务	编制部门年度发展计划	十分紧急	___年__月__日	必须达成
	完成部门目标的95%以上	十分重要	___年__月__日	达成95%以上
	部门成员完成绩效考核指标	十分重要	___年__月__日	必须达成
月度任务	编制月度工作计划	十分紧急	___年__月__日	必须达成
	编制月度部门预算	十分重要	___年__月__日	必须达成
	完成部门月度生产经营计划	十分重要	___年__月__日	达成90%以上
日常管理任务	检查劳动纪律	一般	___年__月__日	必须达成
	完成领导交办的其他工作	一般	___年__月__日	按需达成
人才培养任务	部门月度培训任务	重要	___年__月__日	按需达成
	员工月度绩效沟通	重要	___年__月__日	按需达成

三、量化岗位任务

公司任务和部门任务立足于集体目标，岗位任务则以个人目标为主。这个差异在日常任务和人才培养任务环节最为明显。我们在编制岗位任务量化表时应该注意一下。

岗位任务量化表

任务名称	任务内容	优先等级	完成期限	任务要求
年度任务	编制岗位年度发展计划	十分紧急	___年__月__日	必须达成
	完成岗位目标的95%以上	十分重要	___年__月__日	达成95%以上
月度任务	编制岗位月度工作计划	十分紧急	___年__月__日	必须达成
	完成月度岗位绩效考核目标	十分重要	___年__月__日	必须达成

（续表）

任务名称	任务内容	优先等级	完成期限	任务要求
日常管理任务	遵守劳动纪律，按规章办事	重要	___年__月__日	必须达成
	领导交办的其他工作	一般	___年__月__日	按需达成
人才培养任务	各岗位人员的技能培训	重要	___年__月__日	按需达成
	岗位人员的轮岗	一般	___年__月__日	按需达成

四、量化个人任务

岗位任务是根据岗位来制订目标规划，个人任务则是根据员工自身的情况来制订目标规划。我们在制作个人任务量化表时要注意把个人任务跟岗位任务、部门任务的要求对应起来。

个人任务量化表

任务名称	任务内容	优先等级	完成期限	任务要求
年度任务	编制公司年度发展计划	十分紧急	___年__月__日	必须达成
	完成个人目标的95%以上	十分重要	___年__月__日	达成95%以上
月度任务	制订个人月度工作计划	十分紧急	___年__月__日	必须达成
	完成月度岗位绩效考核目标	十分重要	___年__月__日	必须达成
日常管理任务	遵守劳动纪律，按规章办事	重要	___年__月__日	必须达成
	领导交办的其他工作	一般	___年__月__日	按需达成
人才培养任务	完成部门安排的培训课程	重要	___年__月__日	必须达成
	积极参加轮岗	一般	___年__月__日	按需达成

五、量化年度任务

年度任务规划属于长期战略规划。我们可以效法国家的五年计划，把公司五年内的发展目标和量化任务规划好。

年度任务量化表

年度	任务	目标	对策	负责人	完成期限
2018年	1. 市场调研及公司经营环境分析 2. 制订公司五年发展战略规划	制订规范、合理、可操作的战略规划书，明确公司的发展目标和实现路径	1. 市场调研 2. 环境分析 3. 编制发展战略规划书	公司高层、市场调研人员	___年__月__日
2019年	1. 制订市场发展战略，开拓市场 2. 提高销售量	提高公司的市场占有率和生产经营利润	1. 市场调研 2. 制订市场营销策略 3. 选择主要市场	市场部经理、销售部经理	___年__月__日
2020年	1. 加强生产管理，控制生产成本 2. 完成重要的运营项目	降低公司生产经营成本，发挥核心项目的作用	1. 完善生产管理制度 2. 引进新型设备 3. 提高员工的业务能力	生产部经理、项目主管	___年__月__日
2021年	1. 举办大型促销活动，塑造产品品牌形象 2. 组建一支精干的营销团队	提高产品知名度和品牌美誉度，增强公司的销售实力	1. 制订促销活动方案 2. 优化促销流程 3. 加强销售员的培训力度	市场部经理、销售部经理、人力资源部经理	___年__月__日
2022年	1. 维护老客户 2. 开发新客户	为下一个五年战略规划做准备	1. 加强与客户的沟通 2. 推出新产品或服务项目	客服部经理	___年__月__日

六、量化季度任务

季度任务的量化关键在于让四个季度的工作形成一个首尾相连的整体，这样才能保证季度工作的有序进行。

季度任务量化表

季度	任务	目标	对策	负责人	完成期限
第一季度	1. 完成上一年度工作总结，布置本年度工作任务 2. 把本年度的工作任务分解为各个季度的工作计划	确保各季度任务有清晰的工作计划	1. 任务总结 2. 任务分解 3. 任务分配	公司决策层	___年__月__日
第二季度	制订培训方案，提高部门成员的业务水平	确保员工有能力完成各阶段任务	1. 任务分析 2. 确定培训内容 3. 实施培训	部门经理、培训讲师	___年__月__日
第三季度	加强对各季度工作进度的监督，做好绩效考核准备	确保各阶段的任务能按时、按质、按量完成	1. 制订工作进度检查方案 2. 收集绩效考核信息	部门经理、绩效考核人员	___年__月__日
第四季度	1. 对各季度任务的落实情况进行考核 2. 总结各季度的任务完成情况，为下一个年度的任务安排做准备	激励员工完成本职工作，为他们在下一季度的工作提供支持	1. 制订考核方案 2. 明确考核办法 3. 撰写绩效考核总结报告	部门经理、绩效考核人员	___年__月__日

七、量化月度任务

我们应该像量化季度任务那样量化月度任务，将其打造成一个整体。在每年的1月做好各个月的工作规划，在12月根据绩效考核意见来调整原先的工作规划。

月度任务量化表

月度	任务	目标	对策	负责人	完成期限
1月	1. 总结上一年度的工作任务完成情况，布置本年度的工作任务 2. 把本年度的工作任务分解为每个月的工作计划	确保每个月的任务都有清晰的工作计划	1. 任务总结 2. 任务分解	公司决策层	____年__月__日
2月	分析本部门的每月工作，把分解后的工作任务合理分配给各岗位的员工	确保每个月的工作任务落实到明确的岗位责任人	1. 任务分析 2. 任务分配	部门经理	____年__月__日
3月	针对公司员工当前的状况来制订培训方案	提高员工的业务能力，确保任务目标能按时、按质、按量完成	1. 调查培训需求 2. 制订培训计划	部门经理、培训讲师	____年__月__日
……	……	……	……	……	____年__月__日

（续表）

月度	任务	目标	对策	负责人	完成期限
12月	1. 综合评价每个月的任务完成情况 2. 根据绩效考核结果来改进工作中的不足之处	激励员工完成本职工作，为他们在下一年度的工作提供支持	1. 制订考核方案 2. 确定考核方法 3. 编写绩效改进方案	部门经理、绩效考核人员	___年__月__日

第三章
制订目标管理规划，从分解各部门任务开始

目标管理法的核心是分解目标，把组织的战略目标逐级分解成长期目标、中期目标和短期目标，还有各部门的目标、管理者的目标、普通员工的目标。每个员工努力完成自己的任务，进而实现部门目标。各部门按照岗位分工默契配合，达成企业的总目标。分解目标的依据是企业各部门以及各个岗位的具体任务。管理者在分解各部门及岗位的任务时，必须注意合理性与可操作性，按各个运营环节的规律办事，绝不能“拍脑袋”决策。

分解企业经营目标，提高整体运营效率

要点提示

a. 企业的经营目标可以分为投资目标、利润目标、成本目标、费用目标等细目。

b. 企业的投资目标的目的是实现相关对象的利益最大化。

c. 利润的高低是衡量企业经营目标是否达成的关键要素，利润目标包括但不限于收入增长。

企业经营的根本目标无疑是提高企业的整体运营效率。我们可以将其分解为投资目标、利润目标、成本目标和费用目标四个细分目标。每个细分目标包括了若干关键要素。这些关键要素是衡量企业运营状况的重要指标。以下是对企业经营目标的详细分解：

一、投资目标解析

企业投资目标可以分为企业利润最大化、股东财富最大化、企业价值最大化、相关利益者最大化、社会价值最大化五种类型。投资目标具体包

含了投资回收期、投资收益率、净现值和内部收益等关键要素，以下是对各关键要素的解析：

	投资回收期	投资收益率
目的	加快资本的周转速度，缩短投资的回收期	提高产品投资的收益额，提高公司的经营收入
现状	1. 回顾去年有无投资新项目和开发新产品 2. 上一个项目和产品的投资回收期用了___年	1. 上一个投资周期内产品投资收益额达___万元 2. 去年的公司年经营收入达___万元
衡量标准	1. 资本周转速度 2. 投资回收期缩短率	1. 产品投资收益额增加率 2. 公司经营收入提高率
完成期限	___年__月__日	___年__月__日
应对措施	1. 提高公司营业收入 2. 降低公司经营管理成本 3. 规避可能出现的投资风险	1. 不断优化生产流程，引进新工艺，降低销售成本 2. 提高利润率，增加单位产品的收益值 3. 提高资产利用率

	净现值	内部收益
目的	提高公司投资的净现值，增强投资获利能力	提高公司投资的内部收益水平
现状	上一个投资周期内产品投资净现值达___万元	上一个投资周期内产品投资内部收益达___万元
衡量标准	1. 净现值率 2. 净现值增加率	内部收益率
完成期限	___年__月__日	___年__月__日
应对措施	1. 提高投资方案所产生的现金净流量 2. 规避投资方案中可能遇到的风险	1. 积极开拓市场，增加公司收入 2. 完善投资管理流程，降低生产经营成本

二、利润目标解析

利润目标具体包含了收入增长、新产品开发、削减成本和高效的人才队伍等关键要素，以下是对各关键要素的解析：

	收入增长	新产品开发
目的	增加新产品销售收入，增加公司的年营业收入	加快开发新产品的脚步，提高产品的市场竞争力
现状	1. 去年有没有新产品项目启动 2. 去年的公司年经营收入达____万元	上一个目标管理周期开发的新产品种类有____种
衡量标准	1. 新产品收入百分比 2. 单位客户消费增长率	1. 产品性能 2. 新产品投放市场的周期
完成期限	____年__月__日	____年__月__日
应对措施	1. 提供优质服务，满足客户对服务质量的需求 2. 搜集客户数据，建立完整的客户大数据库 3. 提升员工的销售技能	1. 通过市场调研来了解当前的市场导向以及目标消费群体的需求 2. 加强产品研发人员的创新意识，开拓产品研发思路

	削减成本	高效的人才队伍
目的	减少公司的成本支出	获得和保留对公司至关重要的关键人才
现状	上一季度的公司成本控制率达____%	上一年度的公司核心员工总共有____人，关键员工离职率达____%
衡量标准	1. 管理成本降低率 2. 采购成本降低率	1. 员工工作效率 2. 核心员工保有率 3. 关键员工离职率
完成期限	____年__月__日	____年__月__日

（续表）

	削减成本	高效的人才队伍
应对措施	1. 完善公司的生产经营流程，从流程上加强成本管理 2. 定岗定编，控制员工规模 3. 建立集中采购体系	1. 完善公司的绩效管理制度 2. 设置对内公平且对外具有竞争力的薪资待遇 3. 完善公司的培训机制和晋升机制 4. 规范员工的职业生涯规划 5. 建设具有吸引力的企业文化

三、成本目标解析

成本目标具体包含了成本管理、成本核算和成本分析等关键要素，以下是对各关键要素的解析：

	成本管理	成本核算	成本分析
目的	加强对公司的成本的管控，减少不必要的支出	确保成本核算准确无误	为公司制定预算提供有效的依据
现状	上一季度的公司成本控制率达___%	上一季度的公司成本核算准确率达___%	上一季度的公司预算达成率为___%
衡量标准	1. 成本降低率 2. 成本节约率	1. 成本核算完成及时率 2. 成本核算完成准确率 3. 预算达成率	预算达成率
完成期限	___年__月__日	___年__月__日	___年__月__日
应对措施	1. 完善公司的生产经营流程，从流程上加强成本管理 2. 定岗定编，控制员工规模 3. 建立严密的成本管理体系 4. 加强成本管理的绩效考核	1. 提高成本核算人员的责任感 2. 加强成本核算的绩效考核	1. 深入学习成本分析，提高成本分析的准确率 2. 加强成本分析的绩效考核

四、费用目标解析

费用目标具体包含了费用控制和费用预算等关键要素，以下是对各关键要素的解析：

	费用控制	费用预算
目的	减少公司的费用支出	减少预算执行偏差的发生次数
现状	上一季度的公司费用控制率达___%	超出上一季度的公司费用预算的次数
衡量标准	1. 营业费用降低率 2. 财务费用降低率 3. 管理费用降低率 4. 费用节省率	1. 费用预算执行率 2. 费用预算准确率
完成期限	___年__月__日	___年__月__日
应对措施	1. 完善费用审批制度，严格控制费用支出 2. 把各部门的资金使用情况纳入绩效考核 3. 建立详备的费用管理体系	1. 加强对费用预算的监控 2. 申请费用预算的部门或个人，必须严格按照费用预算申请流程来申请预算

分解企业生产目标，实现科学生产

要点提示

a. 企业生产目标可以分为生产数量目标、生产成本目标、生产进度目标、生产安全目标等细目。

b. 对生产进度目标的把控直接影响企业能否完成生产计划，按时交货。

c. 生产安全目标针对的是生产过程中的安全问题，如避免发生事故，避免对人身、财产、环境造成损害。

企业的生产能力决定了其满足市场需求的上限。如果没有科学的生产管理，企业是无法实现生产目标的。我们可以将企业生产目标分解为生产数量目标、生产进度目标、生产安全目标和生产成本目标。每个目标都有自己的衡量标准、完成期限以及应对措施。以下是对企业生产目标的详细分解：

一、生产数量目标解析

生产数量是衡量企业生产能力的重要指标。企业通过制订科学合理的生产计划，就能完成既定目标。影响生产数量目标的关键因素包括生产效率与人员、物料的调度，具体内容解析如下：

	生产效率	人员和物料的调度
目的	提高公司的生产效率，提高单位时间的产品产量	避免人员和物料问题妨碍实现生产目标
现状	上一季度的公司生产效率达___件／天	上一季度因人员和物料问题导致产品数量不足达___次
衡量标准	1．单位时间生产效率 2．在现有生产效率下的单位时间产量	1．人员调度及时性 2．物料调度及时性
完成期限	___年__月__日	___年__月__日
应对措施	1．加强员工培训，提高其机器操作水平 2．规范企业生产流程，减少低效环节 3．引进先进的生产设备，提高生产能力	1．制订合理的人员、物料调度计划 2．规范人员、物料调度的流程，明确各环节的负责人 3．认真检查人员、物料的增减情况

二、生产进度目标解析

生产进度是指完成从原材料采购到成品入库的全部活动的速度。把控生产进度可以说是按时、按质、按量完成生产计划的关键。影响生产进度的关键因素包括设备保养、物料供应、产品质量和员工到岗情况，具体内容解析如下：

	设备保养	物料供应
目的	减少生产设备故障率，缩短维修设备的用时	做好物料调度，确保及时供应生产
现状	上一季度的生产设备故障率达____%	上一季度因物料供应问题导致生产进度滞后达___次
衡量标准	1. 设备故障率 2. 设备维修时间	1. 物料调度及时性 2. 物料供应及时性
完成期限	____年__月__日	____年__月__日
应对措施	1. 建立细致而严格的设备检修保养制度，抓好事前预防工作 2. 加强对操作人员的培训，提高其设备操作能力，避免因操作不当造成设备故障	1. 通过加班加点来弥补物料供应不足造成的时间延误 2. 明确物料供应的流程以及责任相关人 3. 定期检查物料的供应

	产品质量	员工到岗情况
目的	避免因产品质量问题耽误生产进度	提高员工的工作积极性，降低公司的缺勤率
现状	上一季度的产品不合格率达___%	上一季度的员工缺勤率达___%
衡量标准	1. 产品质量合格率 2. 残次品数量	1. 员工缺勤率 2. 员工到岗率
完成期限	____年__月__日	____年__月__日
应对措施	1. 把控产品的生产流程，从源头上减少不合格品的出现频率 2. 保持足够的库存量	1. 培养多面手，当关键岗位的核心员工缺勤时，由替补员工顶上去 2. 提高激励力度，把员工缺勤率作为奖金发放的重要考核指标

三、生产安全目标解析

生产安全管理不仅关系到企业的财产安全，对员工的人身安全也有直接影响。建立完善的安全防范措施，可以有效避免生产事故造成的人身伤害、财产损失以及环境污染等。生产安全目标包括安全生产培训、安全设施管理、安全隐患及事故处理等，具体内容解析如下：

	安全生产培训	安全设施管理	安全隐患及事故处理
目的	通过安全生产培训，提高生产人员的安全意识和安全生产技能	建立健全的防火、防盗安全防范设施管理制度	及时发现和处理生产过程中存在的各种安全隐患
现状	上一年度的安全生产培训覆盖率达___%	上一年度的安全设施建设达标率达___%	上一年度的安全事故处理及时率达___%
衡量标准	1. 安全生产培训覆盖率 2. 安全生产培训计划完成率	1. 安全设施建设达标率 2. 安全设施隐患	1. 及时处理率 2. 及时上报率
完成期限	___年__月__日	___年__月__日	___年__月__日
应对措施	1. 建立员工安全生产培训激励机制，提高员工的培训参与率 2. 时常检查员工对安全知识的掌握情况	1. 定期对安全设施进行检查和维护，确保设施能够正常使用 2. 进行安全设施巡检时做好记录	1. 建立安全事故处理委员会，并明确其主要职责及权限 2. 开展安全事故处理演习，提高事故处理能力

四、生产成本目标解析

制定生产成本目标是为了控制生产成本，在保证产品质量的前提下，以更少的成本完成更多的生产任务。这是所有企业都高度重视的一个细分目标。生产成本目标包括成本控制、成本核算、成本分析等关键要素，具体内容解析如下：

	成本控制	成本核算	成本分析
目的	加强对公司的成本的管控，减少不必要的支出	确保成本核算准确无误	为公司制定预算提供有效的依据
现状	上一季度的公司成本控制率达___%	上一季度的公司成本核算准确率达___%	上一季度的公司预算达成率为___%
衡量标准	1. 成本降低率 2. 成本节约率	1. 成本核算完成及时率 2. 成本核算完成准确率 3. 预算达成率	预算达成率
完成期限	___年__月__日	___年__月__日	___年__月__日
应对措施	1. 改进公司的生产流程，降低废料率和废品率，减少生产过程中的浪费 2. 控制物料采购价格，降低物料采购成本 3. 提高工人的劳动效率，降低产品的人工成本	1. 采用科学的生产成本核算、成本归集分配方法，并及时对其进行验证 2. 监督各模块结账工作，确保按月及时核算生产成本	1. 制订生产成本分析方案，规范生产成本分析报表 2. 把成本分析准确率也纳入绩效考核当中

分解企业销售目标，增加销量和利润

要点提示

a. 企业销售目标可以分为销售营业目标、销售回款目标、销售利润目标、销售提成目标等细目。

b. 销售利润目标通常以销售利润率作为量化指标，可以比较出企业在不同时期的经营管理水平。

c. 设计销售提成目标时应对产品、人员、环境三个维度进行综合考虑。

企业的销售能力决定了其发展后劲。产品销量好不好，除了跟产品本身有关外，还跟销售员的能力素质和市场环境形势有关。我们可以将企业销售目标分解为销售营业目标、销售回款目标、销售利润目标和销售提成目标。以下是对企业销售目标的详细分解：

一、销售营业目标解析

销售营业目标就是通过各种营销渠道来开展销售业务，扩大产品的市场份额，增加销售收入和企业利润。销售营业目标包括开拓市场、促销管理、货品管理和规范销售业务等关键要素，具体内容解析如下：

	开拓市场	促销管理
目的	扩大企业的市场份额，提高市场占有率	增加产品的销售量
现状	上一年度的公司市场占有率达___%	上一年度通过促销活动增加的产品销售量达___件
衡量标准	1. 市场份额 2. 市场占有率 3. 产品销售量 4. 客户数量	1. 产品销售量 2. 市场占有率
完成期限	___年__月__日	___年__月__日
应对措施	1. 制订严格的市场调研流程，明确客户的需求 2. 保证促销过程按照营销方案执行，及时处理各种突发情况 3. 规范产品生产流程，提高产品的质量	1. 提高促销方案的合理性和可行性 2. 增加广告收入，加大公关投入，提升产品的品牌知名度 3. 创新促销方式，提高产品品牌对客户的吸引力

	货品管理	规范销售业务
目的	确保订货、发货、退货和换货等环节畅通无阻	降低销售业务中的错误行为发生率
现状	上一季度的公司退货率和换货率分别为___%和___%	上一季度的公司销售业务错误行为发生率达___%
衡量标准	1. 发货速度 2. 货品管理满意度 3. 退货和换货发生率	1. 销售业务行为的合法性 2. 销售业务行为的合理性
完成期限	___年__月__日	___年__月__日
应对措施	1. 明确订货、发货、换货和退货的相关人员职责 2. 改进订货、发货、换货和退货流程，提高发货速度	1. 加强对各项销售业务完成情况的监督，确保工作及时完成 2. 明确销售业务管理规章制度

二、销售回款目标解析

销售回款工作可分为收回货款前的准备、收取货款和收回货款后的内部控制三个阶段。按照回款的工作时限的差异，销售回款可以分为定期货款回收和不定期货款回收两种类型。假如回款工作做不好，企业就拿不到应得的收入，会影响企业销售目标的完成。销售回款目标包括销售款项回收和客户满意度等关键要素，具体内容解析如下：

	销售款项回收	客户满意度
目的	及时收回公司的销售款项，减少坏账的出现	尽量避免因催收账款而造成客户不满，以及由此引发的客户流失现象
现状	上一年度的公司销售回款率达____%	上一年度公司因催收账款而流失的客户数量为____人
衡量标准	1. 回款及时率 2. 坏账率	1. 客户满意度 2. 因催收而导致的客户流失率
完成期限	____年__月__日	____年__月__日
应对措施	1. 规范客户信用评级和考核机制 2. 加强合同管理，在销售合同中明确对货款支付方式的规定 3. 制订回款责任制，让回收账款工作与销售员的个人利益直接挂钩	1. 提高销售服务质量，做到诚信公平交易 2. 采用巧妙的合法手段催收账款

三、销售利润目标解析

销售利润率是销售利润目标的主要指标，可以体现公司的经济效益和经营管理水平。提高销售利润率是企业制定销售利润目标的出发点。销售利润目标包括销售收入、开拓目标市场和创新销售方式等关键要素，具体内容解析如下：

	销售收入	开拓目标市场	创新销售方式
目的	增加产品的销售收入	开辟目标市场，扩大企业的市场份额，增加产品销量	开创新的销售方式，吸引更多客户
现状	上一年度的公司产品销售收入为___万元	上一年度的公司市场份额达___%	上一年度因销售方式改变而吸引的顾客数量为___人
衡量标准	销售收入增长率	1. 市场份额 2. 市场占有率 3. 产品销售量	1. 产品销售量 2. 新客户增加数
完成期限	___年__月__日	___年__月__日	___年__月__日
应对措施	1. 研发新款产品，挖掘潜在客户 2. 扩大销售区域，拓宽销售渠道，提高产品销售量	1. 制订严格的市场调研流程，明确客户的需求 2. 增加广告收入，加大公关投入，提升产品的品牌知名度 3. 规范产品生产流程，提高产品的质量	1. 把销售方式改进得更加合理可行 2. 激发销售员的想象力，一起研究新颖独特的新型销售方式

四、销售提成目标解析

销售提成是销售员薪酬的重要组成部分，也是企业最主要的物质激励之一。合理的销售提成制度与可实现的销售提成目标，能有效激发销售员的工作热情。销售提成目标包括提成比例和提成兑现等关键要素，具体内容解析如下：

	提成比例	提成兑现
目的	制订合理的销售提成比例，提高销售员的工作士气	兑现公司的奖励承诺，提高销售员的工作积极性
现状	上一年度的公司销售提成比例为___%	上一年度的公司销售提成兑现率为___%
衡量标准	销售员工作积极性	提成兑现率
完成期限	___年__月__日	___年__月__日
应对措施	1. 根据产品维度、人员维度、环境维度来设计合理的提成比例 2. 设计提成比例时应遵循公平原则和保持对外竞争力原则 3. 综合考虑影响销售提成的各种因素	1. 确定销售提成的兑现时间等细则 2. 明确兑现时间是在回款时还是签订合同时

分解企业采购目标，合理控制库存

要点提示

a. 企业采购目标可以分为采购价格目标、采购进度目标、采购费用目标、采购质量目标。

b. 采购价格管理对企业规范采购价格及审核流程至关重要，能确保企业以较优惠的价格买到高品质的物料。

c. 设置采购费用目标的目的是降低企业的采购费用，从而削减企业运营的总费用。

采购管理维系着企业的命脉。没有稳定货源的企业，很快就会停工，销售部门也拿不出足够的合格产品来做营销。有的企业由于采购管理不善，大量积压物料或产品，陷入了资金断裂的窘境。设置合理的企业采购目标，关系到企业的可持续发展。企业采购目标包括采购价格目标、采购进度目标、采购费用目标和采购质量目标。以下是对企业采购目标的详细分解：

一、采购价格目标解析

采购价格管理的宗旨是规范采购流程，在确保采购物资的高品质的同时尽量削减采购成本。采购价格目标包括价格信息管理、价格标准设定和议价等关键要素，具体内容解析如下：

	价格信息管理	价格标准设定	议价
目的	建立详备的市场价格数据库，及时更新各种商品及原材料的采购价格信息	制订物资采购的最低价格标准	把采购价格尽量控制在物资采购底价范围内
现状	上一年度的公司具有采购价格信息的物资种类占比为___%	上一年度公司重要物资的低价确定率为___%	上一年度公司议价工作目标达成率为___%
衡量标准	1．物资采购价格更新及时性 2．市场中价格可接受的物资种类数目	1．成本分析率 2．物资底价确定率	议价工作目标达成率
完成期限	___年__月__日	___年__月__日	___年__月__日
应对措施	1．调查和分析采购价格 2．明确采购价格信息更新的具体时间	通过成本分析等低价确定方法，设定各类物资的采购底价，作为价格管理的标准	1．培训采购价格管理人员，提高其议价技巧 2．充分进行市场调研，了解各种物资当前的采购成本价格

二、采购进度目标解析

采购不是把所需物资买回来就可以了，还要根据企业的库存管理和供货管理来调整采购的时间和数量。把握好合适的采购进度，企业才能减少多余的库存，降低不必要的成本。采购进度目标包括确定采购提前期、控制订单处理周期和控制交货进度等关键要素，具体内容解析如下：

	确定采购提前期	控制订单处理周期	控制交货进度
目的	确定合理的采购提前期，提高采购的准确率	提高订单的满意率和供货的准确率，降低采购成本与库存量	确保各个供应商能做到按时、按质、按量交货
现状	上一季度的采购提前期确定准确率为___%	上一年度的订单处理周期为___天	上一年度的交货处理时间为___天
衡量标准	采购提前期确定准确率	订单处理平均天数	1. 交货处理速度 2. 单笔交货处理平均用时
完成期限	___年__月__日	___年__月__日	___年__月__日
应对措施	1. 根据物资定额储备的需要合理确定采购提前期 2. 根据物资消耗部门提供的采购计划来确定采购提前期	1. 通过分析对比来制订合理的采购订单计划 2. 审查订单，加强订单传输过程管理 3. 加强订单跟踪管理	1. 和供应商确定提交货物的日程表 2. 抓好跟单催货工作

三、采购费用目标解析

降低采购费用对降低企业运营总费用有重大意义。采购费用目标包括采购预算管理、采购价格管理、采购订货量管理等关键要素，具体内容解析如下：

	采购预算管理	采购价格管理	采购订货量管理
目的	把采购费用尽量控制在预算范围内	尽量降低采购价格，将其控制在最低价格的标准内	准确确定订货量，降低采购综合成本
现状	上一年度的公司采购预算费用控制率为___%	上一年度的公司采购价格控制率为___%	上一年度的公司综合成本降低率为___%

（续表）

	采购预算管理	采购价格管理	采购订货量管理
衡量标准	1. 采购预算执行率 2. 采购预算控制率	1. 采购价格控制率 2. 采购最低价格标准执行率	1. 订货量预测准确率 2. 综合成本降低率
完成期限	____年__月__日	____年__月__日	____年__月__日
应对措施	1. 根据生产经营计划和物资需求来编制采购预算 2. 规范采购预算的审批流程，明确审批权限	1. 培训采购价格管理人员，提高其议价能力 2. 设置各类物资的采购底价，以此为采购价格管理的基准	1. 根据采购费用、库存成本和采购价格等因素来确定合理的订货批量 2. 对订货量的审批工作加强监督

四、采购质量目标解析

采购管理不能只顾削减成本而忽视质量。为此，我们应该把提高采购质量作为一个管理目标。采购质量目标包括供应商认证和质量认证等关键要素，具体内容解析如下：

	供应商认证	质量认证
目的	确保供应商的可靠性，提高质量管理水平	确保采购的物资质量合格，能满足生产部门的相关要求
现状	上一年度供应商认证出错率达到了____%	上一季度采购物资合格率达____%
衡量标准	1. 供应商认证执行率 2. 供应商认证出错率	1. 采购物资质量合格率 2. 采购的残次物资比重
完成期限	____年__月__日	____年__月__日
应对措施	1. 制订供应商认证说明书 2. 明确供应商认证程序、参与人员及其职责 3. 与通过认证的供应商签署质量认证协议	1. 综合采用多种不同的质量检验方法 2. 组织成立质量检验小组，对小组成员进行系统的质量管理知识培训

分解产品研发目标，形成核心竞争力

要点提示

a. 产品研发目标可以分为产品质量目标、产品竞争力目标以及产品更新换代目标等细目。

b. 产品质量目标不光反映了产品的特性，还体现着经过量化的顾客需求。

c. 产品竞争力目标反映的是产品的各种竞争力要素，要求产品能从同类竞品中脱颖而出。

研发新产品已经成为众多公司抢占市场制高点的主要手段。尤其是高科技产业公司，对产品的更新迭代有很高的要求，更加重视新产品的研发工作。但新产品的研发本身存在一定的市场风险。一旦消费者不认可新产品，企业的努力就打了水漂。为此，管理层应当制定合理的产品研发目标，让企业因新产品而获得市场竞争优势。产品研发目标包括产品质量目标、产品竞争力目标和产品更新换代目标。以下是对企业产品研发目标的详细分解：

一、产品质量目标解析

产品质量指的是产品的功能、安全性、可靠性、可维修性等指标的总和。只有在这些方面达到客户的要求，才能称得上质量合格的产品。为了提高产品的市场竞争力，我们必须狠抓产品质量。产品质量目标包括原材料管理、建立产品质量体系和生产过程监督等关键要素，具体内容解析如下：

	原材料管理	建立产品质量体系	生产过程监督
目的	从源头上保障产品质量	规范产品质量管理的标准，让产品质量管理工作有章可循	从生产过程上把控产品质量，降低产品的不合格率
现状	上一季度的原材料不合格率为___%	上一年度的产品质量体系完善率为___%	上一季度因违反生产流程而导致的产品不合格率为___%
衡量标准	原材料合格率	产品质量体系完善率	因违反生产程序导致的产品不合格率
完成期限	___年__月__日	___年__月__日	___年__月__日
应对措施	1. 按照原材料检验标准狠抓检验工作 2. 培训原材料检验人员，提高其责任意识和操作技能	1. 编制各项产品质量检验标准及指导书 2. 制订进料、制程、成品等质量管理标准	1. 明确产品生产程序，严格规范生产操作流程 2. 明确产品生产各个流程步骤的责任人和监督人 3. 加强培训，提高相关员工的生产管理水平

二、产品竞争力目标解析

产品竞争力受产品质量、产品功能、产品价格、品牌影响力、宣传推广形式等因素影响。提高产品竞争力需要公司各部门的共同努力，但最根本的还是作为源头的产品研发环节。产品竞争力目标包括产品品牌管理、产品价格管理、产品广告管理和产品推广管理等关键要素，具体内容解析如下：

	产品品牌管理	产品价格管理
目的	塑造良好的产品品牌形象，提高产品品牌价值和客户的品牌忠诚度	监测和调整产品价格，形成产品在价格上的竞争优势
现状	上一年度的产品品牌知名度在市场中占比为___%	上一年度的产品价格相当于主要同类竞争产品的___%
衡量标准	品牌知名度	1．产品价格竞争力 2．产品成本
完成期限	___年__月__日	___年__月__日
应对措施	1．应用合理的分析方法对品牌进行精准定位 2．在品牌推广过程中加强监督力度，确保品牌推广卓有成效	1．选择合理的方法来精确计算产品成本 2．保持定价的弹性，根据目标市场客户的购买行为特点来调整价格

	产品广告管理	产品推广管理
目的	利用产品广告来传播营销信息，提高产品的知名度和竞争力	让产品覆盖更多的目标客户，扩大产品的传播范围
现状	上一季度的产品广告收视率为___%	上一季度的产品市场反馈好评率为___%
衡量标准	产品广告收视率	产品市场反馈好评率
完成期限	___年__月__日	___年__月__日
应对措施	1．构思符合广告和产品定位的广告创意 2．根据产品的定位来选择合适的广告媒体	1．制订新产品的推广方案 2．综合采用多种推广策略，运用多种平台媒介进行宣传

三、产品更新换代目标解析

市场需求一直在不断变化。产品若是不能及时更新换代，就会被消费者厌弃。制定产品更新换代目标有利于加强企业的产品创新意识，以比较科学的方法来研发新一代产品。产品更新换代目标包括市场调研与分析、新产品研发、新产品定位和新产品定价等关键要素，具体内容解析如下：

	市场调研与分析	新产品研发
目的	确定产品更新换代的方向，为研发新产品提供丰富而可靠的市场数据支持	研发出符合市场潮流和客户需求的新产品
现状	上一年度的市场调研和分析执行率为___%	上一年度的新产品研发数量达到了___件
衡量标准	1. 市场调研与分析执行率 2. 产品更新换代成功率	研发新产品的数量
完成期限	___年__月__日	___年__月__日
应对措施	1. 制订详细的市场调研和分析计划 2. 提高员工的市场调研能力和分析能力 3. 加强市场调研的监督工作	1. 运用多种方法形成新产品研发构想 2. 制定新产品研发的激励政策

	新产品定位	新产品定价
目的	确保新产品符合目标客户的需求	确保新产品具有市场价格竞争优势
现状	—	—
衡量标准	新产品定位准确率	1. 新产品价格竞争力 2. 新产品定价准确度

（续表）

	新产品定位	新产品定价
完成期限	____年__月__日	____年__月__日
应对措施	1．通过市场调研分析来找出市场的新需求点和待填补的空白 2．运用差异定位法、分类定位法、关系定位法和问题定位法等方法来确定新产品的定位	1．运用多种定价策略给新产品制订一个合理的市场价格 2．规范新产品定价的流程和标准

分解市场营销目标，扩大市场份额

要点提示

a. 市场营销目标包括市场开拓目标、市场竞争力目标、市场占有率目标以及市场营销渠道目标等细目。

b. 想要实现市场竞争力目标，就得不断创造价值，在市场竞争中形成一定的优势。

c. 市场占有率反映的是企业销售额在市场同类产品中所占的比重。

扩大市场份额是每个企业的目标。谁的市场份额多，谁就占据了营销的主动权，生存发展机会就会更多。所有的企业都致力于开辟新的区域市场，同时努力守住自己现有的市场，以保持更多的市场份额。这使得市场竞争异常激烈。为了在竞争中保持一定的优势，企业有必要对市场营销目标进行长远规划。市场营销目标包括市场开拓目标、市场竞争力目标、市场占有率目标以及市场营销渠道目标。以下是对企业市场营销目标的详细分解：

一、市场开拓目标解析

市场开拓指的是企业设法打开目标市场并在市场中站稳脚跟，从而提高产品的销量，扩大市场占有率，最终提升公司的经济效益。市场开拓目标包括市场调研分析、新客户开发和区域市场拓展等关键要素，具体内容解析如下：

	市场调研分析	新客户开发	区域市场拓展
目的	选择适合开发的区域市场，提高市场开拓成功率	对客户进行高效管理及维护，扩大客户规模	增加区域市场的销售额和市场占有率
现状	上一年度的市场调研和分析执行率为___%	上一年度新开发的客户有___人	上一年度新开拓的区域市场占有率为___%
衡量标准	1. 市场调研与分析执行率 2. 产品更新换代的成功率	1. 新开发客户数量 2. 新开发客户数量占总客户数量的比重	1. 区域市场占有率 2. 区域市场开发的速度
完成期限	___年__月__日	___年__月__日	___年__月__日
应对措施	1. 制订详细的市场调研和分析计划 2. 提高员工的市场调研能力和分析能力 3. 加强市场调研的监督工作	1. 根据客户需求来研发新产品，或者提供新的人性化服务项目 2. 提高现有产品的质量和服务水平	选择合适的区域市场作为开拓对象，注意确保公司的市场整体布局的平衡性和可持续发展

二、市场竞争力目标解析

企业的市场竞争力受制于外部市场环境和自身的资源条件。通过科学的管理和巧妙的营销，企业将为社会创造更多的价值，在市场竞争中形成一定的优势。市场竞争力目标包括产品研发能力、质量管理能力、品牌管理能力等关键要素，具体内容解析如下：

	产品研发能力	质量管理能力	品牌管理能力
目的	让公司产品获得区别于同类竞争产品的独特优势	提高产品和服务质量，更好地满足客户的需求，提高他们对公司的满意度	提高公司品牌的知名度，培养高忠诚度的客户
现状	上一年度新开发的产品数量有___个	上一季度因质量问题引发的客户投诉率为___%	上一年度的公司品牌知名度在业内排名第___
衡量标准	新产品开发数量	1. 客户满意度 2. 客户投诉率 3. 产品质量合格率	1. 品牌知名度 2. 品牌正面曝光率
完成期限	___年__月__日	___年__月__日	___年__月__日
应对措施	1. 加强市场调研分析，找出市场的空白点，发现新的客户需求 2. 激发员工的创新意识，听取忠实用户的意见，拓宽产品研发思路	1. 建立公司内部质量管理体系，规范运营流程，加强产品质量监管 2. 增强生产人员的责任心，改进生产工艺	1. 加强品牌宣传推广力度 2. 利用新媒体营销手段组建品牌粉丝群 3. 在各大媒体平台上保持足够的活跃度

三、市场占有率目标解析

市场占有率指的是一个公司的销售额在市场流通的同类产品中占的比重。市场占有率越高，说明公司的效益越好，在市场中获得的优势越大。市场占有率目标包括促销宣传、销售团队建设、客户关系管理等关键要素，具体内容解析如下：

	促销宣传	销售团队建设	客户关系管理
目的	提高产品的知名度，以此带动销售量的提升	提高员工的销售能力，保持团队的活力，降低员工流失率	维护现有的大客户关系，开发新的客户资源，特别是大客户
现状	上一年度通过促销活动增加的产品销售量达到了___件	上一季度的核心员工保有率为___%	上一季度的客户流失率和新客户开发率分别为___%和___%
衡量标准	1. 产品销售量 2. 市场占有率	1. 核心员工保有率 2. 销售任务完成率	1. 客户流失率 2. 新客户开发率
完成期限	___年__月__日	___年__月__日	___年__月__日
应对措施	1. 提高促销方案的可行性与合理性 2. 创新营销方式，开展趣味促销活动，吸引更多客户	1. 加强培训，提高员工技能 2. 加强团队协作意识	1. 建立包含信用等级的客户数据档案，根据客户的分类来采取不同的销售方案 2. 为客户提供优质快捷的售后服务

四、市场营销渠道目标解析

市场营销渠道是企业的生命线。企业应当不断优化营销渠道，加强与优质供应商的合作，并及时协调各个渠道成员之间的矛盾。市场营销渠道目标包括渠道成员管理和渠道的整合重组等关键要素，具体内容解析如下：

	渠道成员管理	渠道的整合重组
目的	加强与优质渠道成员的合作，淘汰不合格的渠道成员，提高渠道成员的满意度，降低渠道成员流失率	整合渠道资源，改进渠道环节，提高市场营销渠道的运营效率
现状	上一年度的渠道成员满意度达到了___分	上一季度的渠道整合重组把运营效率提升了___%

（续表）

	渠道成员管理	渠道的整合重组
衡量标准	1. 渠道成员满意度 2. 渠道成员流失率	1. 经过整合重组的渠道运行效率 2. 改组后的渠道对现有渠道的影响
完成期限	____年__月__日	____年__月__日
应对措施	1. 制定渠道成员管理基本法和实施细则 2. 对渠道成员进行专业培训 3. 对渠道成员进行绩效考核	1. 选择合适的时机来整合重组渠道资源 2. 对市场营销渠道进行充分调研，确定当前渠道是否需要改进，尽可能地减少消极影响

第四章
克服阻碍因素，确保目标进展顺利

在目标管理规划中，每个具体任务都会影响其他任务的完成。为了不让事情超出可控范围，管理者必须认真克服准备工作不到位、缺乏人才、缺乏资金、竞争力不足、内部管理混乱、文化建设落后、团队不团结等阻碍因素。目标管理法并不会假设组织是在一个无风险的环境中运营，恰恰相反，目标管理法要求管理者把阻碍因素纳入通盘考虑当中，提前准备好应对预案，以确保目标能够顺利完成。

徒有目标规划，缺乏合适的人才

要点提示

a. 要想用好目标管理法，管理者必须妥善处理人才引进、人才激励和人才培养等问题。

b. 对人才的重要性认识不足，是很多企业的通病。

c. 企业如果不结合自身条件和员工特点进行针对性激励，员工们就会逐渐丧失工作积极性。

目标规划的要求是100%完成目标，但很多公司只能做到目标的60%，甚至低于50%。造成这种现象的一个常见原因，就是缺乏合适的人才。如果没有执行人，再完美的目标规划也只能束之高阁。执行人不能胜任工作，目标任务自然也无法按时、按质、按量地完成。毫不夸张地说，人才管理决定着企业的兴衰存亡。为了确保能顺利实现发展目标，企业必须重视用人误区、人才引进问题、人才激励问题和人才培养问题。

一、用人误区

1. 重物质而轻人才

原因分析：公司高层认为发展的关键是做好高回报的项目，对人才管理的重要性缺乏足够的认识，宁可把更多钱都花在物质投入上，也不愿改善人才的待遇。当核心人才打算离开时，领导者不但不考虑挽留，还觉得“地球离了谁都转”。这种不承认人才价值的观念，无疑会让员工们感到消沉。

解决思路：把人力资源开发上升到公司发展战略的高度，树立人才是第一资源的观念，大力引进优秀的人才，舍得投入更多资源来培养人才，为人才创造良好的发展环境，重视人才梯队建设，对核心人才要不遗余力地挽留。把公司人才战略机制打造成行业内的“名牌”，从而吸引更多业内人才上门求职。

2. 唯学历、职称论

原因分析：公司在招聘时过分看重学历和职称，在这些方面一味地拔高要求，从而导致劳动力成本激增。虽说高学历、高职称群体比低学历、低职称群体更容易出优秀人才，但事情不是绝对的。有些行业存在许多学历普通、职称不高但实际操作能力很强的人才。如果公司只看学历和职称，就会错失这类人才。而且，不少公司在招聘高学历人才后，又往往“大材小用”，这无助于提高公司的效益，也是对人才资源的严重浪费。

解决思路：公司在选拔人才时应该结合实际需求（主要是岗位需要）来全面客观地考察人才，不可不重视学历，但也不能只重视学历，关键是看人才的能力素质是否跟公司岗位要求相匹配。对于那些高学历、高职称的人才，更要重点考察其实际操作能力和学习新知识的能力，从而留下真正素质过硬的佼佼者。

3. 重人才储备而轻人才流动

原因分析：有些公司虽然重视人才储备，却又幻想着“只进不出”。管理层片面追求人才团队的稳定性，千方百计地限制人才流动。殊不知，人才流动不仅是市场经济规律，还是公司发展的必然结果。人才储备越来越多，许多人没有得到合理的岗位安排，“用非所学”和“大材小用”现象无处不在。公司空有人才储备，却无法充分发挥其作用。

解决思路：公司应该建立合理的人才储备机制与人才流动管理制度，在允许人才充分流动的前提下做好人才储备工作。把适合岗位需求且愿意长期与公司共进退的优秀人才或有潜质的人才留下。如果人才已经不再适合岗位需要或者已经决心离开，就让他们安心离开，这样才能让人才储备变得更加可靠，也减少了人才资源的浪费。

4. 只以物质待遇留人

原因分析：公司有留住人才的意识，但只是片面地用提高物质待遇的手段来留人，在管理过程中缺乏以人为本的理念。管理层以为只要重赏就能笼络勇夫，殊不知现在的人才对精神激励的重视程度丝毫不亚于物质激励。比起高薪高福利，有些人才更重视职业规划、团队人际关系、行业发展前景、工作环境、受重视的程度等因素。这些不是仅靠物质激励就能解决的。

解决思路：物质激励和精神激励并重，在提高物质待遇的同时，注意改善工作环境，加强情感沟通，用明确的晋升机制、发展目标和公平的管理来留住人才。对于顶尖人才，还可以采取股权激励等方式来挽留。用一句话概括就是，建立一套科学合理的以人为本的用人机制。

二、人才引进问题

1. 轻视人才引进的重要性

原因分析：公司不重视人才引进，觉得现有的人手能搞定任何工作。管理层低估了项目任务的专业性，以赶鸭子上架的思路来驱使员工做他们并不擅长的事情，而不想花钱聘请真正的专业人才。说到底，都是因为领导者对人才的认识过于片面和狭隘，不懂得人才的重要性，单纯地把劳动力当成消耗品。

解决思路：树立正确的人才观，认清各种项目任务的岗位需求，了解人力资源的多样性和多层次性。公司应该引进技术、营销、宣传、管理等多种专业人才，组建一个人才类型比较齐全的团队。只有多种专业人才密切协作，才能使公司运转得更好。为此，公司必须加大对人才引进工作的推进力度。

2. 人才来源单一

原因分析：人才来源单一的主要原因是招聘人才的渠道单一。在现代市场环境下，公司可以利用多种渠道招聘人才，比如参加政府组织的招聘会、高校双选会，在网络平台上发布招聘公告，借助第三方管理咨询机构搜求高级人才。然而有的公司在招聘时只采取单一的人才引进渠道，效果自然不佳。

解决思路：打破地域、行业的界限，拓宽人才引进渠道。外部招聘和内部选拔并举，充分挖掘现有人才资源的潜力。主动跟各高校及第三方管理咨询机构开展合作，可以跟高校建立人才储备绿色通道，由公司为院校师生提供实习基地，由院校为公司提供预备人才。

3. 无力识别人才的真伪

原因分析：引进人才也是有风险的，有些公司对此认识不到位。这类公司虽然有求贤若渴之心，但是缺乏一套科学合理的人才测评选拔机制，对人才的信息了解不充分，也没有验证资料的真实性，从而无法有效判断人才的真实能力，最终导致引进的人才跟岗位要求不匹配。当同样的错误再三出现时，这类公司就会误以为引进外部人才是不可靠的做法。

解决思路：建立一套科学合理的人才测评选拔机制，鉴别真人才和伪人才，降低用人不当的风险。注意从多渠道、多角度调查应聘者的信息资料，确认信息的真实性，并考察应聘者过去在职场中的表现。无论“名气”多大，只要不符合岗位要求就淘汰掉。

4. 缺少吸引人才的条件

原因分析：公司不具备吸引人才的优势条件，也没有开出让人才动心的优厚待遇，工作岗位要求多，但是待遇跟同行对手比没有什么竞争力。管理层知道这一点，但是只会抱怨现在的应聘者太“现实”，而不去积极想办法。到头来，管理层不得不降低招聘要求，招一些能力平庸的人。

解决思路：如果公司现在确实开不出优厚的待遇，可以制订灵活多样的薪酬制度，让人才的收入水平跟组织的发展进程直接挂钩。比如可以采用员工持股计划、增设多类绩效奖金等激励手段，补充基本工资偏低的短板。此外，还应该设法为员工创造舒适的办公条件和建立人性化的管理制度，同时利用公司文化价值观来吸引志同道合的人才。

5. 引进机制不健全

原因分析：公司对人才引进工作缺乏全盘规划，没有组建人力资源部或者人力资源部未能完全发挥其职能。管理层只顾着增长销售业绩，而忽视对人力资源进行规范化管理。只是在出现劳资纠纷和岗位缺人时才命令人力资源部处理，完全没有人才战略规划意识。人才引进工作头痛医头，脚痛医脚，自然无法取得成效。

解决思路：公司应该围绕发展目标做好人才战略规划。人才战略规划应具备前瞻性和弹性，包括人力资源规划书、岗位说明书、招聘方法及流程等内容。同时还要建立比较完善的人才评估体系，根据岗位分析和人才综合素质鉴定来精准招聘符合需求的人才。

三、人才激励问题

1. 人才激励缺乏针对性

原因分析：公司采取“一刀切”的激励方式，没有体现出员工的能力差别、贡献差别、资历差别。公司只是采用“薪酬+福利”的单一激励模式，忽略了不同类型员工的需求层次差异，没能做到有针对性地激励。尽管公司投入了不少资源，但并没有起到激励人才的作用。

解决思路：根据激励对象的需求层次、性格特征、心理特点以及公司当前的经营状况、社会环境等因素来制订差异化、多元化的综合激励机制。最重要的是激励手段要尽可能地做到有针对性，把每个人才最看重、最需要的东西作为核心激励标准，这样才能达到更好的激励效果。

2. 激励手段单一、力度不足

原因分析：公司在对人才进行激励时，只采取物质激励而忽视精神激励，或者只采取精神激励而忽视物质激励，结果造成员工的满意度下降，工作效率也随之降低。此外，管理者只是采用单一的正向激励或者负向激励，未能将其有机结合，导致员工对激励措施感到麻木。

解决思路：改进激励方式，把精神激励和物质激励、正向激励和负向激励有机结合。把人才的工作内容丰富化，增加他们对工作的积极性。制订能激励人才的薪资福利制度，在确保公平的前提下适当拉开薪酬层次，让贡献突出的人才得到相应的回报。

3. 沟通不到位

原因分析：公司在激励过程中缺乏沟通，不在乎沟通反馈的过程，只是单方面向激励对象下达命令。由于缺乏沟通，激励对象处于一个较为封闭的工作环境中，不知道自己的表现在公司究竟处于何种水平，公司也不清楚激励措施是否到位。这让激励对象把公司的激励措施当成可有可无的鸡肋。

解决思路：公司可以通过员工大会、工作群、书面通知等发布激励措施和实施条件，让激励对象知道自己的贡献被管理层高度肯定。这将使得被激励的人才产生强烈的荣誉感，更加用心地为组织工作，按照组织期望的方向不断完善自己，继续为众人树立榜样。

4. 人才评估体系不合理

原因分析：公司没有系统科学的评估标准作为支撑，采用不合理的方法来进行绩效激励管理，最终还是以“平均主义”的思路进行激励，完全没有体现激励的公平性。这无疑会让那些贡献较大的人才对管理层失去信心，原本的工作积极性迅速冷却，转而像其他比较平庸的员工一样混日子。

解决思路：建立一套公平有效的考核评估机制，全面客观地衡量每一位人才的表现和贡献，然后再根据绩效考核结果和员工需要来对人才进行奖惩，贯彻多劳多得、功大多得的激励原则，让受到嘉奖者和被鞭策者都心服口服，形成凭实力和成绩说话的良性竞争氛围。

四、人才培养问题

1. 缺乏培养人才的意识

原因分析：管理层思想落后，认为培养人才不能在短时间内取得收益，是费力不讨好的行为。有的公司还担心自己培养的人才会流失，于是不肯花时间和精力培养人才，懒得组织员工培训。结果员工技能未能得到及时更新，员工工作水平低且缺乏安全感，公司发展因此陷入了恶性循环。

解决思路：积极转变观念，不要把人才培养当成是支出，而应该将其视为关乎公司发展前途的重要投资，像经营项目一样认真对待人才培养问题。管理层必须树立以人为本的管理思想，加大培训力度，把公司视为一个人才孵化器，通过源源不断地培养新人才来填补人才外流造成的空白。

2. 缺乏人才培养规划

原因分析：管理层虽有人才培养意识，但只是把希望放在几次简单的内部培训上，而缺乏系统的人才培养规划。结果导致员工看不到自己在单位里的发展机遇，缺乏职业生涯规划或者在职业生涯规划中把本单位当跳板。如此一来，他们在工作时就会倾向于获得短期利益，而不考虑公司的长远利益。

解决思路：公司必须根据人才战略和发展战略目标来制订详细的人才培养规划，并将其纳入人力资源总体规划当中。人才培养规划要全盘统筹并突出重点，兼顾短期培训计划和长期人才培养方案，培养核心人才和培养预备人才双管齐下，确保所有人都能与公司同步发展。

3. 人才培养模式单调

原因分析：公司只是以单一的培训方式培养人才，而且培训课程枯燥乏味，内容脱离实际，无法充分满足培训对象的实际需要。员工长时间在同一个岗位上重复劳动，发展途径狭窄，新学到的知识无用武之地。人才培养的效果自然不可能达到预期水平。

解决思路：根据员工的职业兴趣来为其设计职业发展规划，根据相关需求来运用多种培养模式。除了开展培训讲座之外，还可以采用轮岗制来锻炼人才的综合工作能力。公司还可以加强外部合作，借助社会各界的力量来锤炼核心员工，使其成为身经百战的拔尖人才。

4. 人才培养机制不健全

原因分析：公司虽然使用了多种培训方法，但依然停留在为培养而培训的阶段，没有把培训内容与员工面临的目标任务结合在一起，导致学非所用的后果。人才培养是一个系统工程，人才培养机制不是简单的教学机制，而是针对目标任务展开的智力支持体系。不少管理者对此认识不足。

解决思路：公司建立系统的人才培养机制，明确培训目标、内容、反馈成果等细节，并将其与组织内部竞争机制相结合。管理者要从不同类型、不同层次的人才的目标任务要求出发，为他们提供易学而实用的培训课程，弥补短板并强化优势。人才培养机制的最终目标是让公司中的所有人都具备能胜任其岗位工作的综合素质，确保各项任务能顺利完成。

资金短缺让企业力不从心

要点提示

a. 资金短缺产生的主要原因有企业财务体系不健全、抵押能力太弱、信用记录缺失以及企业抵抗风险能力弱。

b. 常见的资金管理问题有财务信息不实、缺乏资金管理意识、忽视对现金流的控制、监督管理机制不完善等。

c. 成本管理是实现企业目标管理现代化的必经之路。

对于企业来说，缺钱办事是最头疼的事情。不少著名的企业具备雄厚的实力和优秀的人才团队，但不幸被资金问题击败。为了不让公司变成“泥足巨人”，管理者应当把资金管理作为目标管理的一个战略级任务。我们接下来从资金短缺的原因入手，逐步揭示资金管理的各个关键点。

一、资金短缺的原因

1. 财务体系不健全

原因分析：公司的财务体系不健全，缺少财务审计部门认可的财务报表和良好的连续经营记录，在资金使用上也缺乏规划，信用意识淡薄。这导致公司的资金参加生产周转的次数大大减少，没有充分发挥作用。由于财务账目混乱，公司可能存在财务人员或者高层管理人员舞弊甚至抽逃资金的恶劣现象。

解决思路：根据国家的法律、法规来完善公司的财务制度、会计制度，建立完善的财务报表体系，全面提高公司的财务管理水平、财务状况透明度以及财务报表的可信度。公司决策层应该把这个目标上升到战略高度，定为财务部门的主要目标任务，并为此提供足够的人力、技术、资金、设备支持。

2. 抵押能力薄弱

原因分析：大多数中小企业的资产规模小，没有足够的固定资产和存量设备，资产负债率通常比较高，所以拿不出多少符合抵押、担保条件的资产。在大部分财务已经抵押的情况下，公司很难提供新的抵押物来申请银行贷款。贷款难度的增加又让中小企业融资难的问题变得更加严重。

解决思路：改革公司的产权制度和管理模式。按照贡献原则、效率原则和公平原则来调整产权结构，建立一个产权清晰、权责分明的现代企业产权制度。公司的管理模式应该根据公司的规模、行业形势、激励与约束机制等方面来改革，进一步完善企业运营机制，提高管理水平和盈利能力。

3. 企业信用记录缺失

原因分析：企业信用记录的缺失主要是因为没有建立完整的、详细的、针对企业的金融信用档案。由于企业的信用度难以准确评估，银行为了规避坏账风险，会对缺少抵押物和信用担保的公司执行惜贷政策，增加申请贷款的难度。那些急需借贷资金的公司在融资时将面临更严重的困难。

解决思路：公司应该积极配合政府有关部门，建立一套完整的信用等级评估制度，细化各种评估指标，并将其作为公司的重要任务目标。此外，还要积极清偿银行的债务和应付款项，提高企业信用水平，树立良好的企业法人形象，最大限度地避免出现不良信用记录。

4. 抵抗风险能力弱

原因分析：有些公司规模小，资金少，产品科技含量低，缺乏核心技术竞争力，经营状况不稳定，受市场环境的影响很大。这样的企业抗风险能力很弱，银行贷款的风险增加，故而不容易申请到贷款。由于无法通过申请贷款来融资，公司经营变得更加不稳定，抗风险能力进一步下降，陷入恶性循环。

解决思路：拓宽融资渠道，寻找更多的合作方。比如，积极吸收社会闲散资金，鼓励社会资本投入公司项目。跟金融机构展开更多的合作，努力争取到资金。同时还可以在贷款过程中争取政府的支持，寻找有实力且信用等级高的担保者帮公司顺利申请到贷款。

二、改善资金管理

1. 缺乏资金管理意识

原因分析：公司缺乏资金管理意识，特别是资金时间价值观念和现金流量观。由于缺乏详细的资金使用计划与科学的财务分析方法，项目资金链断裂，资金运转不过来，导致公司破产。此外，公司还可能因为过度筹集资金而背负复杂的多角债务，陷入负债经营的恶性循环。

解决思路：树立资金管理的核心理念，重视公司的支付风险与资产流动性风险。必须把现金流管理贯彻到公司管理的每一个环节。管理层要严格把控现金的出入关口，控制好因经营活动、投资活动和筹资活动而产生的现金流量。用科学的财务分析方法来改进资金管理过程中存在的不足。

2. 资金管理水平差

原因分析：公司虽然制订了资金使用计划和各项费用开支计划，但并不能按照计划管理资金。原因可能是资金使用计划脱离实际，不具备可操作性。比如过多的银行账户分散了资金，对外投资过于随意且缺乏监督，资金占用方面的管理十分松散。这导致公司的资金管理很混乱，阻碍了公司正常周转。

解决思路：公司要建立一套健全的企业内部资金控制制度，按照资金需求量来编制合理的资金使用计划，最大限度地做到优化使用资金。制订企业资金授权管理办法，通过划分各级资金管理权限来加强对资金使用的监督，把资金管理的责任落到实处。

3. 财务信息失真

原因分析：财务部门不愿及时提供相关信息，其他层面也经常封锁消息或者提供虚假信息，从而导致公司汇总的财务信息非常不透明、不对称，甚至与实际情况相差甚远。具体表现为会计核算不准和财务报表存在弄虚作假现象。决策层领导得不到准确的财务信息，无法做出正确的决策。

解决思路：公司可以利用计算机财务管理系统来连通财务部门与其他部门之间的数据信息，从而实现对公司资金管理各个环节的实时监控。管理者还可以利用内部结算中心的信息反馈功能，及时掌握销售部门与采购部门的目标完成进度，确保公司能够完成计划的收支指标。

4. 忽视对现金流的管理

原因分析：公司对资产项目的完好度与现金流量的运行情况缺乏有效

的考核评价。具体表现为只重视利润指标考核，而忽略对现金流的管控，特别是没有对现金流的运行进行有效的管控。此外，某些部门为了得到更多的资金而提供虚假报告，使现金流管理出现严重漏洞。公司因此做出错误决策，事倍功半。

解决思路：通过编制财务预算报表来加强对现金流量的分析与监督，有效管控现金的流入与流出，保证公司具备完成目标的支付能力和偿债能力。在做财务预算报表时应该采取逐级编报、逐级审批、滚动管理的办法。只要确定了预算，就不能随意更改，因为预算是公司内部组织生产经营活动的依据。

5. 缺乏监督机制

原因分析：公司没有形成科学的资金监督和管理机制，也没有设置有效的资金决策约束机制。这使得管理层在各资金运动环节存在监控不利的隐患，不能及时发现部分管理者或员工擅自挪用、转移资金甚至侵吞公司的资产等不法行为。资金管理水平低下迟早会让公司入不敷出，无力继续维持下去。

解决思路：建立一套完善的资金管理监督机制和一套高效的资金决策约束机制，避免资金管理责任人的权利过于集中，加强对资金支付审批的管理。公司可以根据业务范围和金额数量来分批确定资金审批人员。在强化监督机制后，公司对财务信息、现金流等的管理能力将上升一个台阶。

三、慎防投资风险

1. 缺乏投资战略规划

原因分析：公司没有完整的发展规划，对自己面临的机遇、挑战、优势、劣势和竞争对手状况缺乏清醒的认识，开展固定资产投资项目时也只考虑了眼前的短期需求，而没有将其与公司未来的长远发展挂钩。这种投资方式缺乏连贯性，缺乏详细的计划与执行策略，具有较大的盲目性，容易造成资源浪费，让公司的长期利益受到损失。

解决思路：公司要树立整体战略意识，分析自身的优势、劣势，分析所在行业的发展趋势，分析潜在的主要竞争对手。这样才能明确公司的发展方向，进而制订总体发展战略规划及详细的执行方案。在明确企业总体发展战略规划后，公司才能选择最合适的投资项目作为主要突破口，提高效益，降低风险。

2. 不重视项目管理

原因分析：公司缺乏项目管理意识，对投资项目的管理缺乏整体思路，从而导致项目成本激增。管理层对项目建设的过程缺乏控制和监督，反而为了节省成本而减少人员数量，只对既定的投资项目配备极少人员甚至不配备专业人员。结果项目进度执行力大打折扣，导致项目一再延期，增加了投资的风险。

解决思路：公司应该选择高素质的人才来负责投资项目管理，利用完善的风险防范系统来监控好投资项目的每一个阶段。在投资决策阶段，公司应该认真收集相关信息，优化投资方案。在投资实施阶段，选择最佳投资时机和确保投资计划有效执行是最关键的目标。在投资回收阶段，项目管理者要注意实时监控，做好反馈工作。在投资收尾阶段，项目组要总结投资项目的经验教训，并做好残值变现工作。

3. 专业投资人才匮乏

原因分析：公司缺乏专业投资人才，决策层的领导者能力不足，只看会计报表的结果而不分析过程。在组建项目组的时候，投资人员搭配不合理，导致项目组无法通过公司发展战略、市场经济环境、国家政策、公司盈利能力来判断投资是否合理。这样一来，公司就很容易陷入找不到投资方向的盲区。

解决思路：公司应该定期对核心员工进行培训，让他们掌握更多行业的信息和管理技能，培养出具有良好综合素质的投资决策人才。此外，还要利用物质激励和精神激励来留住这些核心员工。

4. 投资决策意识落后

原因分析：公司决策层的领导缺乏创新意识，做投资决策时也只是一味跟随大型企业或同行企业的投资模式。殊不知，公司的资本实力有限，大型企业的投资方向和投资策略不一定适合自己的公司。跟风的结果可能是赚钱，也可能是亏空。

解决思路：公司可以在吸取别人成功经验的基础上，重点开发具有自身特色的核心产品，培养具有创新思维的管理人才。投资时应该注意分散风险，减少投资损失。所有的投资决策都应该围绕公司自身的核心技术来制订。

四、加强成本核算

1. 所有权和经营权不清晰

原因分析：公司所有者身兼数职，企业所有权和经营权都集中在所有者手里，所有决策及成本预算都由领导个人做出。而且成本核算需要具备较高的财务成本知识，只有专业的财务人员才能做好。这就大大增加了决策失误的概率。

解决思路：建立现代企业制度，分离企业所有权和经营权，管理层不再只由家族成员组成，而是从社会上吸纳更多非家族的职业经理人。在成本核算环节应该充分利用有经验的职业经理人和专业人才。公司所有者不要过多兼职，当公司发展到一定程度时以集体领导代替个人领导。

2. 会计观念落后

原因分析：公司管理层把成本核算及管理简单理解为“减少开支、降低成本”，没意识到会计不仅具有核算功能，还只有监督功能。公司管理层忽视了会计的监督功能，只是片面地强调节约和提高利润，没有用长远的眼光来看待综合效益。

解决思路：全体管理人员都要加强成本管理意识，贯彻技术与经济结合、生产与管理并重的原则。全体员工也要培养成本管理意识，提高各部门的协调能力，全方位改善成本管理。把原先由少数人主抓成本管理的模式转变为公司上下全员参与成本管理的新模式。

3. 成本核算方法陈旧

原因分析：公司对消费者的需求个性认识不足，采用了粗放的生产经营方式，在成本核算时只是采用实际成本法，而较少使用计划成本法、标准成本法、作业成本法。实际成本法的计算过程复杂，容易脱离实际，很难实现有效的成本控制。这将导致中小企业成本核算的结果与实际不符，成本控制达不到预期目标。

解决思路：公司应该配置专门的成本会计工作人员，处理公司日常的成本管理工作，加强会计队伍建设，提高其业务素质，采用更为先进、科学的成本核算方法。管理者应该关注成本发生的前因后果，查明资源消耗的原因。

4. 成本管理责任不清

原因分析：公司没有明确成本核算与项目管理责任，也没有健全的财务管理体系和企业成本核算制度。尽管每个项目都有自己的成本目标，但参与项目的具体部门并不了解自己承担的细分目标任务，不知道自己该怎样做才能有效配合成本管理工作。

解决思路：在公司建立健全的成本核算制度和财务管理体系，充分利用计算机技术来强化各部门的成本管理能力。此外，公司还应该明确成本核算与管理的责任，并根据相关责任来设计绩效考核指标，促使全体员工积极落实成本管理目标。

五、成本管理问题

1. 流通性费用的浪费

原因分析：公司重视了节约生成性费用，却忽视了节约流通性费用。比如材料供应、市场营销和售后服务等流通性环节也使运营成本增加。公司控制了成本费用报账数，却没使已经发生的成本费用入账，只算财务成本而不算管理成本。这种片面的成本管理方法并不能有效控制综合成本，无法适应当前的市场形势变化。

解决思路：树立成本全程管理观念，对产品的生产成本、信息来源成本、技术成本、后勤成本、库存成本、销售成本、售后维修成本进行全程管控。公司应该用细致而科学的管理手段来做好成本全程管理，确立产品在目标市场中的竞争优势。

2. 约束和激励机制不健全

原因分析：公司注重节约人工成本，却忽视了约束和激励制度的建设工作。因为管理层只把员工当作“劳动力”，绞尽脑汁地借故削减员工的薪酬福利，以降低人工成本费用。但是这种做法必然会让员工感到不满，不利于留住对公司至关重要的关键人才。员工流失的增加，反而会造成用人成本的上升。

解决思路：管理层应该把员工视为宝贵的“人力资源”，为他们提供合理的薪酬，创造良好的工作环境和学习环境，并根据目标完成情况来增加福利和必要的培训。建立各种规章制度，明确各部门及岗位的职能与责任，完善业务处理、业绩评估、奖惩措施，把现有的人力资源转化为优质人才资源。

3. 忽视产品的无形损失

原因分析：公司只计算产品的有形损失，而没有计算产品的无形损失。产品的有形损失可以用货币来衡量具体的数额，而产品的无形损失是由于产品过时、供过于求等因素造成的难以量化的贬值。如果不计算产品的无形损失，公司就会出现产品档次不高、生产重复、产品滞销、库存积压等后果，让产品的无形损失越来越严重。

解决思路：在开发新产品时要充分考虑其市场可行性、技术可行性和经济可行性，做好产品设计的成本控制，减少产品无形损失，提高新产品的市场占有率。公司还应该加大对技术创新的投入，以技术创新带动成本管理，强化竞争优势。

4. 忽视成本的战略管理

原因分析：公司只重视成本的战术管理，而忽略了成本的战略管理。成本的战术管理即生产经营过程中具体环节上的成本管理。成本的战略管理是从战略的高度加强企业竞争优势并同时进行成本管理。这导致公司的成本管理跟市场竞争战略目标脱节，甚至相互抵触。对于目标管理法而言，这样的成本管理方式无异于舍本逐末。

解决思路：把成本管理和公司的市场竞争战略目标密切结合起来，提高公司全体成员的成本战略管理能力。把局部环节的成本管理与整个企业运营流程的成本管理结合在一起，最大限度地优化组织的成本控制能力。

市场竞争激烈，营销进展受阻

要点提示

a. 市场营销战略不合理会导致企业的竞争力不足，这样是无法完成目标任务的。

b. 当营销进度受阻时，企业高层应该及时转变观念，重新制订中长期营销战略规划。

c. 当品牌管理不到位时，企业无法在市场中形成稳定的品牌影响力，这是导致企业市场竞争力不足的一个主要原因。

在激烈的市场竞争中，营销能力较弱的公司就会败下阵来，无法完成自己的目标。当公司的整体营销目标进展不顺时，各个部门的目标任务进度同样会受到牵连。即便有少数优秀的营销人员能逆流而上，做出杰出的业绩，也挽救不了公司和部门的整体失败。为此，我们在使用目标管理法时，不能不重视在市场营销工作中可能会遇到的阻碍。

一、市场营销问题

1. 缺乏市场营销意识

原因分析：公司的市场营销意识落后，公司依然按照传统的生产理念、产品理念和推销方式来运营。由此造成的结果是公司盲目地跟随市场大流来推销产品，销售业绩不如预期，产品滞销严重，库存大量积压，应收账款急剧增加，公司的资金周转出现困难。随着上述情况愈加严重，公司可能会陷入停产或半停产状态。

解决思路：公司应该建立科学合理、切合实际的营销组织框架，全体员工都要积极吸收国内外先进的市场营销思想。公司上下都要舍弃见风使舵的市场营销模式，积极发展自己的核心竞争力，减少产品滞销，及时清理库存。各部门及员工应该密切协作，强化营销意识，减少冗余环节，共同提升公司的整体营销能力。

2. 高层营销管理缺位

原因分析：高层管理者没有很好地履行职责，对市场营销缺乏深刻的认识，轻率地做决策，没能抓住市场需求形势的要点，从而导致整体营销工作存在方向性失误，让公司陷入困境。由于高层管理者不能服众，员工普遍感到迷茫，被挫伤的工作积极性难以恢复。公司上下相互不信任，营销目标根本无法完成。

解决思路：建立一个比较完善的营销管理体系，包括营销组织体系、市场信息管理体系、目标和计划管理体系。明确营销管理体系，把各个营销管理层级的岗位要求、职权、工作标准和作业流程细化。优化高层管理者团队，尤其是要选拔业务能力突出、责任心强的人来担当市场营销部门的负责人。

3. 市场营销战略不明确

原因分析：公司虽然有营销计划，但只涉及当前的营销目标，而不包括对未来发展的中期规划和长期战略规划。也就是说，公司只是通过一个个当期营销计划来实现整体目标，而没有真正意义上的营销战略。市场形势稍微有点变化，公司就盲目跟风，缺乏明确、稳定、连贯的营销战略。这种反复无常的营销策略会把员工弄得晕头转向。

解决思路：公司应该根据自身情况和外部环境来制订明确的发展战略规划，至少要确定未来五年的发展重心，细化不同阶段的目标任务，制订具有可行性的实施步骤。此外，市场营销战略应该与产品创新战略相结合，通过采用新技术、新工艺、新材料和改良产品设计来提升公司的产品竞争力，为市场营销战略奠定坚实的基础。

4. 品牌管理存在漏洞

原因分析：公司缺乏品牌战略规划意识，把品牌战略规划简单理解为营销策划、广告宣传和促销活动。然而这些东西往往多变，而品牌管理讲究的是继承性和延续性。公司需要不断塑造品牌，在市场中持续积累品牌影响力。久而久之，品牌才能超越具体的产品，成为消费者心中的鲜明符号。只重视销售产品而忽视品牌建设的市场营销策略，不利于公司的持久发展。一旦某款主推产品销售得不好，就很难借助品牌的影响力东山再起。

解决思路：做好消费者需求调查和竞争品牌价值分析，理清公司品牌的发展方向，明确产品的市场定位。在此基础上提炼核心品牌价值，制订品牌发展战略，运用合理的品牌塑造策略来扩大产品品牌影响力。公司在制订市场营销战略规划时，应该把品牌管理纳入通盘考虑，所有营销活动都应该致力于提高品牌的识别度，传播品牌的核心价值。

5. 没有建成营销网络

原因分析：公司不仅要关注产品生产，还要铺设卓有成效的市场营销网络。如果没有市场营销网络，再好的产品也不会被消费者知悉，也无法被及时投入各个区域市场，满足目标消费者群体的需求。这将导致公司的营销工作缺乏足够的支撑点，无谓地浪费营销资源，产品滞销的现象将不可避免地出现。

解决思路：加强市场营销网络建设，根据消费者的需求和地理、人口分布特点来细分区域市场，并在各个区域市场里努力铺设销售网点。利用信息技术来统计各个销售网点的销售情况，合理调整铺货方案，提高物资利用率。只有这样才能让目标消费者方便买到公司的产品，享受公司提供的增值服务。

二、市场竞争问题

1. 管理水平差

原因分析：公司的经营管理方式落后，发展目标不明确，工作流程不完善，决策过于主观随意，规章制度不完善，绩效考核不公平，缺乏足够的激励措施。这一切都是因为公司领导者缺乏系统的管理理论知识，只是凭个人经验来处理工作，没有积极建设现代企业制度。不管领导者这么做的动机是什么，最终结果都会造成公司的市场竞争力大大下降。

解决思路：公司应该把提高管理水平上升为战略目标。最关键的是加强对管理者整体素质的培训，提高他们对市场的洞察力、对风险的判断力以及战略决策能力。公司高层管理团队的水平越高，越能看清未来的市场发展趋势，力求在市场变化前做好产品研发和市场开发工作。管理水平的提高将使得公司上下更好地完成目标计划。

2. 缺乏核心技术

原因分析：技术研发的周期往往比较长，这项工作短时期内不容易见效，会给企业带来不小的运营压力。所以有些公司重营销而轻研发，对知识资源和技术开发的重要性认识不够，缺少具备自主知识产权和先进高新技术的产品。管理层做决策时总是舍不得把资源投入技术研发环节。这使得公司产品毫无技术优势，在市场中缺乏核心竞争力，营销目标因此变得遥不可及。

解决思路：把研发具有自主知识产权的核心技术上升为公司的重要战略目标。公司管理层应该增加研究经费，吸引优秀的技术人才来充实产品研发部门，为技术研发提供充足的资源和良好的环境。公司要深入调研消费者的需求变化，确保即将或正在研发的核心技术确实符合消费者的需要，甚至超出他们的预期。通过持续的努力，公司就会逐步打造出自己的技术创新体系。

3. 企业资源太分散

原因分析：企业不一定只在单一的产业经营，可能会打通纵向产业链，或者横跨多个产业，进行多元化经营。世界500强公司资本雄厚，有足够的资源来维持多元化经营。但是大部分公司没有如此雄厚的资本，只能尽量把资源集中在某个主要领域。可惜有些公司的纵向产业链设置太长，甚至涉足横向产业，尤其是在收购兼并之后，没有对现有的资源和渠道进行系统的整合。结果核心产业没有抓好，宝贵的资源也被分散。到头来，公司对主营业务的投入被削弱，而其他业务又没发展好。

解决思路：公司要对当前的所有内部资源进行深度整合，重新构建产业布局，把不能产生效益的产业和不再符合市场需求的产品淘汰出局，优化资源配置，将主要的人力、物力、财力集中在最关键的几个主营业务上。

4. 企业缺乏核心价值观

原因分析：公司的人力资源管理和企业文化建设都形同虚设。管理层缺乏文化建设意识，没意识到企业文化与核心价值观对人力资源管理和公司发展的重要性。当公司缺乏企业核心价值观这面旗帜时，对员工的吸引力和凝聚力就会变得十分微弱。员工对组织缺乏归属感，自然也就不会很卖力地工作。可惜很多管理者认为只要能赚钱就行，不在意核心价值观的作用。

解决思路：公司管理层应该构建与战略发展目标相匹配的核心价值观，以此为起点来构建具有自身特色的企业文化。必须把企业文化建设贯穿在整个公司运营活动当中，务求让企业文化与核心价值观深入人心。全体公司成员应该在核心价值观上达成共识，心往一处想，劲往一处使。在公司的市场营销策划中，应该把宣扬企业文化与核心价值观作为一个基本目标。

内部管理体系混乱不堪

要点提示

a. 当企业缺乏统一的共享数据库时，各部门就会因为信息不对称而各自为政，无法真正围绕同一个目标进行协作。

b. 企业缺乏质量管理意识，在执行目标的过程中只追求进度而不顾质量，到头来无法按要求完成目标。

c. 企业提出创新目标，却只是一味模仿外部技术成果，没有建立激励创新人才的制度，就会与创新目标背道而驰。

在拥有同等财力、物力、人力和机遇的条件下，内部管理混乱的企业一定无法与内部管理井井有条的企业相抗衡。这里提到的内部管理体系包括信息管理、安全管理、质量管理、创新管理和内部管控等方面。每一个环节的管理水平，都会影响内部管理体系的总体状况。接下来，我们逐个分析这些管理环节中存在的阻碍因素。

一、信息管理问题

1. 信息资源没能充分利用

原因分析：公司重视硬件设施建设，而轻视软件建设。具体表现为信息技术落后，各部门数据库自成独立的体系，没有建立一个统一的共享大数据库。由于公司的信息技术应用水平较低，管理者不能有效利用信息数据进行决策，各部门员工也无法从信息数据中发现问题。这样的信息化建设只是面子工程。

解决思路：管理层应该设法优化企业内部信息环境，打破各自为营的低效率信息系统布局，建立统一的信息管理体系，以能力和业绩为导向，制订合理的激励和约束机制，积极鼓励信息技术的应用和创新。

2. 缺乏信息技术人才

原因分析：公司没有设置专门的信息管理机构及相关责任人，甚至没有专门的信息管理人员。问题在于公司缺乏专业的信息技术人才，不知道该怎样建设和管理企业信息管理系统。有些公司虽然有信息技术人才，但这些人才长于技术研发而短于管理运营，同样无法把信息部真正运作起来。有的公司还忽视了对员工进行信息技术培训，纵然引进了先进的技术设备，也没人懂操作，只能让设备闲置。

解决思路：重视公司信息管理人员的培养和信息技术人才梯队建设。通过多种途径来培养信息管理人才，可以对现有员工进行在职轮流培训，可以从外部引进信息管理咨询专家或者高校信息管理专业的毕业生，还可以跟高校、科研单位合作定期举办讲座。当公司组建信息管理团队后，要制订一个合理的选拔考核机制，把最优秀的信息管理人才选出来担当大任。

3. 管理模式层次低

原因分析：公司的信息资源管理只是停留在集成阶段和数据管理阶段。这种初级阶段的信息管理不能有效整合公司各个部门的信息资源。各部门的信息资源互不兼容、相互独立，由此导致公司重复建设，消耗过多的资源，但管理效率和信息利用率十分低下。

解决思路：为了提高信息管理和信息利用水平，管理者应该完善信息资源管理系统，强化公司的决策能力，同时为外界（比如合作的供应商）提供一定的专业信息服务。信息资源的开发、管理和使用，应该以产品为核心，以目标任务为依据，调整生产计划，对市场营销进行动态管理。

4. 信息管理制度存在漏洞

原因分析：信息技术发展日新月异，对公司信息安全提出了更高的要求。自然环境的不可抗因素、软件系统的性能、硬件系统的质量、物理及电磁因素、人为管理水平，都会给公司的信息系统造成不同程度的影响。其中影响最大的是人为因素。公司的信息管理制度缺少一个成熟的管理体系。

解决思路：公司应该健全信息管理制度，制订信息安全管理规范，排除潜在的安全威胁，提高信息安全水平。为了让各个业务部门做到信息资源共享，公司有必要在各部门信息数据的基础上，建立一套完整的情报资料体系。打通所有的信息壁垒，所有的部门和员工都可以通过大数据库来调取所需的数据。

二、安全管理问题

1. 安全管理权责不对等

原因分析：公司的安全管理体系不完善，主要表现为安全管理监督人员的责任和权利不对等。尽管公司配备了专职的安全管理员，但他们的权限少而责任多，管理职能被弱化。这使得安全管理员不能在公司里充分行使自己的权利，协助各部门做好安全工作。长此以往，公司里将没人愿意做安全管理监督工作。

解决思路：建立一个权责对等的安全管理制度，让安全管理人员在受到严格约束的同时获得足够的权限来处理问题。对所有的作业场所、生产设备、基础设施进行全方位的危害识别，运用科学的管理方法来做风险评价，以求从源头上减少安全隐患。此外，公司还应该建立突发事故处理机制，以便在安全事故突然发生时能根据应急预案来采取有效的控制措施。

2. 生产安全意识薄弱

原因分析：公司对生产安全意识淡薄，没有展开积极的培训，也没有制订严密的预防措施，只是一味地在事故发生后追究责任。这样的生产安全管理只是浮于表面。而处于这种环境中的员工自我保护意识比较差，凭经验办事，对规章制度熟视无睹，不把违章操作和违章指挥当回事。怀着侥幸心理工作，当然容易产生生产安全问题了。

解决思路：每年定期对公司全体员工进行安全教育、培训，提高大家的安全意识和自我保护技能。同时在生产规章制度中表明杜绝一切违规操作行为，把思想教育和奖惩激励结合起来。

3. 生产技能培训不到位

原因分析：生产部门的员工业务能力参差不齐，不熟悉设备原理，缺乏操作经验，故而常因操作不当而引发生产事故。但是，公司并不愿意花费太多金钱和时间去组织生产技术培训，只是一味地让员工自学。此外，公司也没有设置配套的奖惩机制，员工缺乏主动学习生产知识和设备操作技能的积极性，只是满足于混日子，这样无疑会酿成更多的安全问题。

解决思路：加大生产技能的培训力度，让生产部门的员工能够熟练掌握岗位的工作要求、生产设备的工作原理以及规范的生产技术。根据生产实际需要来制订最低培训学时，确保每个员工每年都能获得足够强度的技术培训。对培训成果进行考核，以严明的奖惩制度来鼓励员工积极学习。

4. 安全管理制度存在漏洞

原因分析：公司未能建立有效的安全管理及生产监督制度。由于缺乏配套的监督、激励、考核制度，公司的安全管理制度沦为一纸空文。生产项目负责人只是一味地催工期、赶进度、创效益，而不顾生产安全问题。普通员工则由于无章可循或负责人带头违章等原因，也对安全问题熟视无睹。随着制度上的漏洞越来越多，生产安全故事的发生概率也在逐渐增加。

解决思路：改善公司的安全管理制度，加强对安全管理制度的宣传，不断强化管理者和普通员工的生产安全意识，把安全管理指标纳入每个人的绩效考核标准当中。

三、质量管理问题

1. 未能正确理解ISO标准

原因分析：公司管理层对ISO标准的理解停留在表面，以为拿到ISO9000认证就能一劳永逸。有些公司误以为最终产品质量好就代表质量管理到位。殊不知，质量管理不仅仅与最终产品相关，还包括对全员、全过程进行严格的管控。缺乏成熟的质量管理体系是这类公司的短板。

解决思路：公司应该编制自己的质量文件，内容包括质量政策、质量责任和质量保证体系的要求，以及各种标准的工作程序等。公司要派人对整个生产、销售、客服过程进行反复地核查，检查这些环节是否按照质量文件的标准要求来运作。

2. 缺乏全面质量管理意识

原因分析：管理层缺乏以质量为导向的企业文化价值观，在运营时只关心短期效益，以为质量管理是少数人的事情，没有用全面质量管理理念来指导员工。全面质量管理指的是从购买设备、原材料采购到生产、发货的整个过程都要狠抓质量管理，也就是全员、全过程、全方位的质量管理。

解决思路：公司应该围绕质量管理标准开展培训活动，公司上下全体成员都必须参与。通过加强全面质量管理意识培训来增强每一位员工的责任感。在此基础上，公司要对生产流程、技术支持、培训系统、企业文化与价值观进行系统改造，把全面质量管理要求转化为目标管理下的细分任务。通过不断地执行和总结，逐步建立一套完整的全面质量管理体系。

3. 基础数据管理不到位

原因分析：公司不重视基础数据管理，领导者只是凭个人经验来做决策。这种决策模式缺乏真实数据的支持，没有科学依据，也没有成熟的文件体系做基础，很容易使公司做出不符合公司实际情况或者执行代价过高的决策。这将导致公司运营出现较大的内耗，失败的可能性直线上升。

解决思路：公司应该成立一个专门管理基础数据的部门，指定专人负责文件的保管工作，确保公司数据资源不流失。同时还要建立配套的文件内控管理流程，根据机密等级来分类处理文件。定期核查文件流通过程，避免文件在流通过程中出现缺失、遗漏、损耗等情况。

4. 经验主义错误

原因分析：公司决策层错误地认为管理靠的是经验和实践，那些先进的管理工具和管理方法都是纸上谈兵。在这种经验主义的指导下，公司很多管理制度都不够规范，决策充满了随意性，生产过程隐患多。更糟糕的是，决策层的领导缺乏学习新知识的意愿，也不善于把经验升华为理论。

粗放的管理模式和经验主义决策思路会降低公司的管理效率，生产质量也得不到充分保障。

解决思路：公司应该运用科学的管理决策来制订质量管理计划，让质量管理目标和操作规章变得更加扎实可行。科学对待产品质量问题，找出造成质量问题的真正原因，进而提出有针对性的解决方案。

四、创新管理问题

1. 公司创新动力不足

原因分析：公司决策层专利意识淡薄，舍不得投入资源来提高创新能力，只是简单地模仿或者照搬、照抄竞争对手的成果。在模仿过程中满足于做好技术含量低下的简单重复劳动，而不充分消化引进技术，更没有在此基础上进行二次创新。

解决思路：公司决策层应该提高创新意识，积极引进国内外的先进技术。通过消化吸收先进技术来进行二次创新，真正成为具有技术创新能力的强大企业。在提高技术创新能力的同时，公司应该加强知识产权保护意识，注意保护自主知识产权成果不被他人抄袭剽窃，一旦发现侵权行为，则要善于运用法律武器来保护自己的合法权益。

2. 公司投入力度不足

原因分析：创新管理需要投入大量的人力、财力、物力。但是很多公司在这些方面的投入远远不足。由于资金投入不足，公司各部门不敢轻易开展创新活动，害怕承担风险。与此同时，缺乏高层次的创新人才也使得公司的创新活动停留在较低的层次，不值得投放更多资源。就算公司一时兴起大搞创新运动，也会因为缺资金和缺人才而虎头蛇尾。没有持续的投入，任何创新都必将会戛然而止。

解决思路：公司可以分两步来加大对创新的投入。第一步是从每年的销售收入中抽取一定比例的资金作为技术研发的专项资金，专款专用，专人负责，利用专项资金来招募创新人才，组织技术攻关。第二步是提高创新人才的薪酬福利待遇，设立一个鼓励创新的激励制度，在公司营造鼓励创新的文化价值观和工作氛围。

3. 公司缺乏创新制度

原因分析：公司的产权不明晰，制度不健全，管理理念和手段落后，没有跟创新活动相匹配的激励制度、人才引进制度。缺乏创新制度的公司受领导者个人风格的影响极大。当领导者作风冒进时，创新活动虽然不太规范，但相对便于开展。当领导者作风趋于保守时，缺乏制度保障的创新活动如同风中火苗，很容易中断。这使得公司的创新活动缺乏连贯性和坚定性，更加难以出成果。

解决思路：建立公司创新制度体系，完善公司的内部治理，提高管理运营效率。对产品设计、产品生产、营销推广、增值服务、改进工艺等方面进行重新整合，优化公司的组织管理流程，然后完善公司的规章制度，优化资源分配，提高创新能力。

4. 合作创新项目管理不当

原因分析：有的公司独立完成创新的能力比较弱，闭门造车容易颗粒无收。而那些跟高校及科研机构合作的公司，可能会陷入另一个误区。高校和科研机构确实有很强的创新研发能力，但他们的研究成果一般不是企业和市场所需要的。在产、学、研合作创新项目中，片面追求先进技术成功而不考虑消费者的需求与接受度，同样会造成创新失败的恶果。

解决思路：坚持产、学、研合作创新，借助高校实验室来设置公司的工程中心和技术中心，通过与高校实验室的技术交流来吸收创新资源，实现集成创新和再创新。需要注意的是，这个产、学、研合作创新战略联盟必须坚持由企业来领导，这样才能满足企业的发展目标，让技术创新成果真正切合市场需求。

五、内部管控问题

1. 管理层缺乏内控意识

原因分析：公司管理层并没有真正明白内部控制的意义，以为内部控制就是内部监督和内部牵制，采用的方法是增加管理人员。这实际上并没有真正落实内部控制制度，也没有找到合适的方法。结果管理层越是花心思去加强内部牵制，公司的内耗就越严重，上下相互猜忌，离心离德。

解决思路：提高公司管理层的综合素质和内部控制意识。建设成熟的现代企业制度，通过权利机构、决策机构、经营机构和监督机构相互分离来减少、避免高层管理者的越权履行职能和破坏组织纪律的行为。减少高层管理人员交叉任职的情况，明确各自的权利、义务和职责，让各个利害关系方形成相互制衡的格局。

2. 内控制度存在漏洞

原因分析：公司只注意制订内部控制制度，但没有具体监控执行过程，也没有根据执行中遇到的问题采取调整措施。实际上参与内部控制的仅仅是财务人员而已。从根本上说，这是因为公司没有建立自我防范和约束机制，只注意事后控制而忽视了事前预防。这样的内部控制制度是不健全的，并未真正覆盖所有的部门和员工，也没有覆盖公司各个业务领域的所有操作环节。

解决思路：设置公司重大决策集体审批制度，加强对企业法人的内部监督。加强对公司部门管理的内部监督，让各部门形成相互监督的格局。对关键岗位要定期稽查，加强内部审计和控制并进行自我评估。此外，还要对执行内部控制监督制度的管理者或普通员工进行考核评价。

3. 内控制度执行不力

原因分析：公司的内部控制制度还算健全，但在实际执行过程中依然存在明显的漏洞，无法确保内部控制水平达到预期目标。这主要是因为公司没有设置配套的机构对内部控制制度的执行情况进行检查和考核，于是员工执行内部控制制度的自觉性和警惕性就大大下降了。

解决思路：设置财物分离的内部机制，让公司内部结构和各个机构的职能分工变得更为合理。在制度设计上加强内部控制能力，以及对内部控制执行机构的监督能力。

4. 内控管理效率低

原因分析：由于公司缺乏完整、系统、科学的管理制度来指导员工工作，执行内部控制制度的员工往往是凭经验办事。这使得内部控制制度在实施过程中常常无人监督或者难以落实监督，存在不可避免的局限性。如此一来，内部控制制度反而导致公司管理效率下降，与公司通过内部控制制度来提高管理效率的初衷背道而驰。

解决思路：公司可以采用不定期的岗位轮换制来降低内部财务风险。内部控制的程序和方法，应该根据公司内部情况和外部环境的变化而不断调整，使之适应公司当前的发展需要。加强企业文化建设，提高全体员工的内部控制意识。

企业文化建设落后，团队成员缺乏凝聚力

要点提示

a. 不重视企业文化建设，员工就不会对组织产生归属感，工作积极性也大大降低。

b. 团队内部不团结，成员各行其是，既无法完成组织目标，也不能实现个人目标。

c. 企业文化建设必须跟公司的生产经营活动相结合，这样才能实现经济效益和社会效益的同步提升。

《天鹅、虾和梭子鱼》和《三个和尚没水吃》讲述的是同一个道理——不团结的团队无法完成目标任务。与前几种阻碍相比，内部不团结的杀伤力最大。哪怕是人才济济、资金雄厚、市场竞争力强的知名企业，也会被内耗打垮，何况是在这些方面先天不足的中小公司呢？

团队缺乏凝聚力和向心力，本质上是因为企业文化建设落后。全体成员只是以纯粹的雇佣关系来相处，只有拿一分钱办一分事的打短工心态，而没有齐心协力打拼事业的念头。目标管理法恰恰要求团队全体成员能朝

着同一个目标努力。为了做到这点，管理者要重视企业文化建设问题。

企业文化建设的失败原因主要有四个：一是管理者对企业文化的理解不到位，二是企业文化建设跟经营活动脱节，三是企业文化建设内容乏善可陈，四是文化建设落实不到位。

一、对企业文化的理解不到位

原因分析：公司管理层对企业文化的理解存在误区，比如把企业文化混同于企业外在形象设计、企业文体活动、政治思想工作、规章制度。由此造成的结果是，公司的企业文化建设浮于表面，设计了统一的外在形象，但没有提炼能反映自身特色的核心价值观。对于组织的一些文体活动，大家只是当成一种纯粹的休闲放松活动，而企业没有顺势传播企业文化的意识。政治思想工作和规章制度固然重要，但它们本身不是鲜活的企业文化。这些认识上的误区，把企业文化建设弄得支离破碎，自然不会产生良好的效果。

解决思路：公司高层领导者要从思想上认清企业文化的本质和意义，充分支持企业文化建设，强化全体员工的企业文化意识。在工作中加强企业文化建设的宣传力度，用多种办法来传播公司的文化价值观，从而扩大公司的品牌影响力，在消费者心中树立一个鲜明的企业形象。

二、企业文化建设跟经营活动脱节

原因分析：公司为建设企业文化而建设企业文化，完全没有正确地理解文化建设与经济效益之间的关系。企业是以盈利为目的的社会组织，企业文化建设的最终目标也是提高公司的盈利水平。遗憾的是，有些管理者把文化建设与经济效益完全割裂开来，没有把企业文化与经营活动结合起来，这样的企业文化脱离了实际，无法盘活公司的经营活动。文化建设的执行者会逐渐感到自己在做无用功，从而得出企业文化对公司运营毫无意义的错误结论。

解决思路：管理层应该把企业文化建设跟经营活动紧密结合在一起，通过建设企业文化来推动生产经营活动。对于消费者来说，有个性的企业文化是一个鲜明的标识，能激发购买兴趣。所以，我们应该在营销活动中充分发扬企业文化特色，给公众留下过目不忘的印象。

三、文化建设内容乏善可陈

原因分析：公司只是在照搬其他公司的企业文化，没有自己的个性，也懒得根据当前社会潮流与公司发展目标进行文化创新。这样的企业文化完全脱离了公司的实际情况，失去了文化建设的意义，反而会对公司发展产生一定的阻碍。尤其是当舆论讽刺公司在“山寨他人的企业文化”时，员工的士气会被挫伤。

解决思路：企业文化建设贵在个性鲜明。管理层应该认真梳理公司自身的特点和发展目标，提炼出各种企业文化要素，再将其整合为一个系统的企业文化体系。

四、文化建设落实不到位

原因分析：公司只是在企业文化的形式上下功夫，而没有真正去落实文化建设。具体表现为管理层把企业文化口号化，用笼统的口号来宣传企业形象，并未把建设系统的企业文化当成努力方向。现在的员工对这种喊口号的文化宣传方式十分抵触，会因此讨厌公司的文化价值观。无法取得员工认同的企业文化建设，根本无法落到实处。

解决思路：公司应该以企业文化体系为中心，设置配套的制度，积极开展丰富多彩的企业文化活动，在公司形成尊重人才、尊重知识、尊重科学的人文环境。

总之，企业文化建设不仅能改善企业的内部管理，还能激发员工的积极性和创作精神。通过持续的企业文化建设，组织团队的凝聚力会越来越强。各部门、各员工产生了高度的文化认同，在执行任务的过程中就会少一些扯皮和推诿，多一些精诚合作，更好地完成各级目标。这正是目标管理法追求的同心同德的团队人际关系。

第五章
跟踪执行过程，优化日常管理和资源配置

目标管理法的一个主要作用就是优化组织的资源配置和日常管理。日常管理过程中的低效重复劳动会被舍弃，资源浪费现象也将得到较好的改善。要做到这一点，就得及时跟踪执行过程，根据各个岗位的目标、任务量、所需资源、工期、人员配备等情况来考察工作进度。完美的目标管理规划需要高效的执行，而高效的执行离不开有力的监督。通过加强跟踪监督来优化日常管理细节，是做好目标管理必不可少的环节。

怎样优化销售环节的日常管理

要点提示

a. 做好销售工作任务分析，找出各个任务的操作要点。

b. 草拟销售部门目标任务分解计划，明确部门年度主要活动、考核指标以及预算费用。

c. 根据部门工作规划来落实各项关键目标任务，强化各方面的日常管理。

销售环节的日常管理看似琐碎，但目标管理法恰恰要求管理者在琐碎的细节上完善每一项工作。为了更好地优化销售环节的管理工作，我们接下来先从销售工作任务分析入手，理清销售环节的关键点，再结合销售部门的年度规划来梳理具体的工作改进意见。

一、销售工作任务分析

销售工作的基本任务包括制订年度销售计划并组织实施、把销售成本控制在预算范围内、完成重要客户保有率的100%、完成年度部门员工培训任务、完成销售回款任务、完成市场占有率的10%等。以下是与各项任务相关的岗位责任、组织形式、工具/方法、所需资源和任务要求等操作要点。

	制订年度销售计划并组织实施	把销售成本控制在预算范围内
岗位责任	进行公司营销战略规划和销售计划管理	控制公司各项费用支出，把销售成本控制在预算范围之内
组织形式	统筹全局做计划，但要听取一线员工的反馈意见	与财务部共同对销售费用支出进行统筹规划
工具/方法	上一年度的销售计划书	上一年度的销售费用预算表
所需资源	决策层领导的支持和必要的销售费用预算	财务部的支持和关于费用预算的重要信息
任务要求	根据公司的发展战略目标来制订销售计划	严格遵循公司的财务制度，特别是销售费用报销制度

	完成重要客户保有率的100%	完成年度部门员工培训任务
岗位责任	负责维持与公司关系良好的重要客户	对部门员工开展销售技能和产品知识培训，提高其业务能力
组织形式	与客服部、市场部协作完成	可由本部门独立完成，也可以向领导或者其他部门寻求支援
工具/方法	把客户部与市场部的合作成效纳入绩效考核	1. 培训需求分析表 2. 上一年度的部门培训计划安排
所需资源	客户部及时提供准确的客户信息	培训场地、培训科目、培训讲师、培训费用、培训需求信息
任务要求	满足客户的合理要求，时常与公司的重要客户保持联络	明确员工培训目标，并考察员工是否在日常销售工作中应用了培训的内容

	完成销售回款任务	完成市场占有率的10%
岗位责任	严格按照费用预算指标来完成销售任务，抓好回款工作	制订市场开拓计划，了解客户的需求变化动态，提高公司的市场占有率
组织形式	可由本部门独立完成，也可以向领导或者其他部门寻求支援	由公司多个部门共同联动
工具/方法	销售部与客户签订的销售合同及贷款保证书	运用多种市场开发策略，加强广告宣传和促销活动
所需资源	客户信用等级信息、管理层的支持	市场开发资金充足，管理层支持，建设一支有实力的销售团队
任务要求	员工能制作结算报表，及时催收账款	了解公司的发展战略和各种产品，擅长与人沟通，熟悉市场开拓手段

二、销售部门年度工作规划

1. 部门主要目标

（1）实现销售收入___万元，实现销售利润___万元。

（2）制订合理的销售计划，销售计划执行率达到___%。

（3）部门办公管理费用控制在___万元～___万元之间。

2. 部门年度主要活动

序号	工作项目	时间安排	工作结果
1	开发市场营销渠道	__月__日～__月__日	开发市场营销渠道___个
2	销售公司所有的产品	__月__日～__月__日	产品销售量达到___件（吨）
3	开发及维护客户	__月__日～__月__日	老客户___个，新增客户___个
4	投放宣传广告	__月__日～__月__日	市场占有率为___%
5	回收销售货款	__月__日～__月__日	回收销售货款___万元
6	提供售后服务	__月__日～__月__日	客户满意度为___%

3. 部门年度预算及编制依据

（1）部门年度管理费用预算为___万元。

（2）部门员工工资及奖金编制依据，包括20___年部门人员计划、20___年部门薪酬计划、20___年部门奖金政策。

（3）部门办公费用的编制依据是20___年部门主要活动。

三、落实关键的销售目标任务

目标管理法能帮助我们锁定关键的目标任务。只要能贯彻落实这些关键的目标任务，企业的销售管理就会有长足的进步。关键的销售目标任务主要分为销售回款、产品促销、营销渠道建设和客户关系管理四个环节，详细的改进要点如下：

1. 改进销售回款环节

工作要点	要点说明
完善销售回款计划	1. 销售部要做好客户资信评估，了解客户的个人资料、资信状况以及经营状况 2. 财务部根据产品销售、客户预付款、销售合同、客户资信等情况来编制销售回款计划 3. 销售回款计划应该明确指定专人负责回款追收工作，要求相关负责人做好日常催收台账工作
改进催收方法	1. 奖励法：只要客户在约定期限内回款，就能得到相应的折扣优惠 2. 代价法：直到客户的前款到账之前，公司暂停给该客户发送新货 3. 软磨法：耐心地用信函、电话、亲自上门等方式催款 4. 关系法：借助第三方力量来协调解决付款问题 5. 法律法：由律师向客户寄出催账函，若对方拒付，将按照法律程序解决

（续表）

工作要点	要点说明
加强回款监控	1. 销售部领导负责监控销售回款工作，及时统计各阶段的回款状况，并与财务部保持密切沟通 2. 分阶段对销售回款目标进行考核，根据考核结果来给销售员发放奖金、调整职位，以激励他们的工作积极性
预防回款问题	1. 销售员应该对信誉不佳的客户加大催款力度 2. 如果客户存在频繁更换管理层和业务员、离职员工骤增、办公地点由高档写字楼搬迁到低档住房、无故拖欠物业费等现象时，负责催款的销售员应当提高警惕、早做预案
处理好呆坏账	处理好折让、回收货物、处理抵押品、寻求法律援助等工作，减少呆坏账的发生

2. 改进产品促销环节

工作要点	要点说明
完善产品促销计划	1. 成立促销调研小组，收集客户及竞争对手的情报 2. 组织促销会议，商议活动目标、主题、内容、时间和预算问题，制订出年度计划 3. 根据年度计划来构思每个阶段主题促销活动的具体规划
规范促销工作细节	1. 工作时间规范化 2. 仪容仪表规范化 3. 促销流程规范化 4. 接待顾客流程规范化
加强促销现场控制	1. 对促销现场进行分片管理，明确各岗位的责任人 2. 安排安保人员维护现场秩序，重视促销后台的财务安全工作 3. 当促销活动结束后，指定专人清点与核对现场的产品，根据清点情况和次日的预期销量来补货
进行促销效果评估	1. 设置科学合理的评估体系和奖惩机制 2. 组织专家评委和参与促销活动的一线员工来综合评估促销效果

3. 改进营销渠道建设环节

工作要点	要点说明
做好环境分析	审视公司当前的营销渠道建设情况，盘点现有渠道系统，收集渠道情报，分析竞争对手的渠道建设情况
选择优质渠道	优化营销渠道整体规划，选择合适的主渠道、次要渠道和自然分销渠道
选准分销市场	1. 了解产品准备卖往何方，调查分销管理片区的基本情况 2. 根据产品定位与目标客户分布、地域销售贡献的权重、各地区渠道发展水平、公司市场管理能力及交易谈判能力、该区域市场的准入成本与维护成本、该区域的竞争激烈程度来选择分销区域市场
制订产品分销标准	1. 根据目标区域市场的渠道情况来决定在当地主推哪种产品 2. 根据不同产品的目标客户消费习惯、产品进店的限制因素、产品进店和维护的成本、不同渠道和客户的销售潜力来制订产品分销标准
确定渠道长度	1. 确定公司要不要渠道中间商、渠道层级的级数、选谁做中间层级、渠道中间环节的供销关系，以确定合适的渠道层级 2. 根据产品定位、消费者规模及特征、渠道中间环节、公司的资金和物流能力、管理能力、谈判资本来设计渠道长度
确定渠道宽度	1. 选择渠道策略，备选策略有指定一家经销商的独占式分销策略、选择一定数量经销商的选择式分销策略、经销商多多益善的密集分销策略 2. 根据产品目标客户群体的规模及分布特征、产品的专业化程度、产品的生命周期、公司的经济效益和管理能力来设计渠道宽度
明确厂商角色	1. 明确谁对区域市场的客户开拓具备决策权，谁负责获得消费者的订单 2. 根据产品的生命周期、终端渠道的结构、目标渠道的重要等级、中间商的能力、竞争对手的策略来考虑厂商在渠道中扮演的角色
完善合作商管理	1. 确认厂商的职责和义务，有明确的违约责任和双方关系终止的说明 2. 确定厂商与分销商、零售商的合作方式，建立完善的考核体系

4. 改进客户关系管理环节

工作要点	要点说明
管理客户动态信息	1. 收集整理客户信息档案，包括客户基础资料、客户特征资料、业务状况资料、交易活动现状等重要数据 2. 在建立客户信息档案后，应该长期跟踪客户的变化。根据客户的最新动态来删除已经过时的数据，及时补充新信息，确保客户动态信息得到有效的管理
做好客户服务计划	以双方共赢为指导思想，为客户提供具有建设性的年度、季度计划，准确解读客户政策，制订促销计划、市场工作计划等
深入分析客户	根据客户数据来做好客户构成分析、客户交易业绩分析、不同商品的销售构成分析、各个客户对公司销售的贡献分析
完善投诉处理制度	1. 各员工在处理客户投诉案件时，以贯彻谦恭礼貌、及时周到的服务为原则 2. 应该建立规范可行的客户投诉受理及处理流程 3. 设置完善的客户投诉表单
提高客户满意度	1. 根据公司的实际情况对客户做出力所能及的承诺，千万不要给客户开空头支票 2. 在设计产品或服务方案时就要开始考虑客户满意度问题，以免达不到客户的要求 3. 不断加强各环节的管理，提升客户对服务质量的认识水平

怎样优化生产环节的日常管理

要点提示

a. 做好生产工作任务分析，找出各个任务的执行要点。

b. 草拟生产部门目标任务分解计划，明确部门年度主要活动、考核指标以及预算费用。

c. 根据部门工作规划来落实各项关键目标任务，强化各方面的日常管理。

生产环节的日常管理在企业运营管理工作中占据了相当可观的比例。生产无小事，一旦出问题往往是沉痛的教训。公司的产品质量是否过硬，运营成本能否有效控制，主要取决于生产环节的管理水平。我们接下来从生产工作任务分析入手，梳理改进生产管理的各个关键点。

一、生产工作任务分析

生产工作的基本任务包括按时完成生产产量、建立质量管理体系、把生产成本控制在100%以内、消除安全隐患、维修保养生产设备、组织部门员工培训计划等。以下是与各项任务相关的岗位责任、组织形式、工具／方法、所需资源和任务要求等操作要点。

	按时完成生产产量	建立质量管理体系
岗位责任	协调各个生产环节，确保生产任务进展顺利	负责为公司建立完善的质量管理体系，确保产品质量过硬
组织形式	对生产部门的员工进行统筹安排，以科学合理的分工完成任务	生产部门管理者负责完成，但要积极征求一线生产员工的意见
工具／方法	1. 本年度生产计划书 2. 生产设备	1. 业内标杆企业的现行质量管理体系 2. 国家质量管理体系
所需资源	决策层领导的支持、充裕的生产费用预算、部门员工的操作技能	国家关于质量管理体系的相关规定
任务要求	根据公司的生产经营战略来安排生产计划	质量管理体系应该符合国家规定，且具备可操作性

	把生产成本控制在100%以内	消除安全隐患
岗位责任	严格控制部门费用支出，削减不必要的生产成本	建立比较完善的生产安全责任制度，规范各项生产操作流程
组织形式	由生产部门和财务部门联合完成	生产部门全体成员在统筹安排下分工协作
工具／方法	1. 财务预算表 2. 新型生产设备 3. 员工操作技巧	1. 详备的操作规程 2. 员工上岗操作合格证明
所需资源	财务预算数据、生产设备的升级、员工技能的提升	培训资源、安全预警机制、高层领导支持
任务要求	严格按照生产预算要求来控制生产成本	定期排查安全隐患，做好安全预警，有效防范安全事故发生

	维修保养生产设备	组织部门员工培训计划
岗位责任	定期组织人手对生产设备进行维修保养，提高设备的完好率和利用率	负责部门员工的培训及考核工作，狠抓团队建设
组织形式	维修人员独立完成	生产部门与人力资源部、外聘培训专家共同完成
工具/方法	1. 设备检验设施 2. 维修保养设施	1. 培训需求分析表 2. 上一年度的部门培训计划安排
所需资源	设备检验设施、维修保养设施、配备相关维修保养专家	培训场地、培训课程、培训讲师、培训费用和培训需求信息
任务要求	定期对生产设备进行检修，避免设备发生故障	明确员工的培训目标，确保考核题目把培训内容用于实践当中

二、生产部门年度工作规划

1. 部门整体控制目标

（1）生产××产品___件（吨）。

（2）制订合理的生产计划，生产计划执行率达到___%。

（3）部门办公管理费用控制在___万元~___万元之间。

（4）无死亡和重伤事故，无职业病危害，无重大火灾、爆炸、环境污染事故，轻伤事故（直接损失在___元以上）在___%以下。

（5）三级安全教育率达到___%，安全隐患整改率达到___%。

（6）安全设施及设备完好率达到___%。

2. 业务费用预算

（1）部门年度生产业务预算为___万元。

（2）生产业务费用预算的编制依据，包括20___年生产原料总量预测和20___年生产原料价格预测。

3. 部门管理费用预算

（1）部门年度管理费用预算为___万元。

（2）部门员工工资及奖金编制依据，包括20___年部门人员计划、20___年部门薪酬计划、20___年部门奖金政策。

三、落实关键的生产目标任务

关键的生产目标任务主要分为生产进度控制、生产质量管理、生产安全管理和生产物料管理四个环节，详细的改进要点如下：

1. 改进生产进度控制环节

工作要点	要点说明
科学分析产能负荷	1. 产能分析：分析公司的产能是否能够满足生产计划表的要求 2. 人力负荷分析：根据销售计划来预定生产计划，并针对各类产品的数量、规格、质量标准、生产时间来计算出生产该产品所需的人力 3. 机器负荷分析：对生产设备进行分类，并确定当前需要生产哪些产品、产品的生产流程以及每个流程需要使用的设备
完善计划表	由于每一种产品的生产流程都存在差异，所以公司应该根据人力负荷能力和机器负荷能力来安排具体的生产计划，并及时发出制造命令单，确保生产计划井然有序
优化生产排程	1. 交货期越靠前的产品，越应该优先安排生产 2. 重要客户订购的产品，应该做重点管理，与一般产品进行区分 3. 工序越多的产品生产的时间越长，应该在时间上把控好生产节奏
加强生产进度管理	使用批量管制法、订单管理法来控制生产进度，在进度滞后时应该采取提高单位产能、延长工作时间、协调出货计划、减少紧急订单插入等举措

2. 改进生产质量管理环节

工作要点	要点说明
完善质量管理体系	1. 充分利用“ISO9000”国际标准文件来建立质量管理体系 2. 选择适合公司的质量体系标准，编制符合该标准要求的质量体系文件，把质量方针与质量目标纳入相关文件当中
明确质量责任	1. 明确相关人员的质量责任，生产质量的管理负责人通常包括总经理、生产总监、生产经理、生产主管、车间主任等。生产质量的直接责任人是班组长、生产操作员、质检员等 2. 明确生产质量的目标责任，比如制品的检验合格率能达到___%
做好质量监督诊断	1. 质量监督：预先设定质量标准，再对比生产中的实际运作情况，筛选出不符合质量标准的产品 2. 质量诊断：通过控制图来诊断产品的质量是否合格，也可以使用工序能力诊断法进行分析
完善责任追究制度	1. 公司应该对产品质量低下、达不到目标要求的情况进行处罚，处罚对象是相关责任人 2. 在追究质量责任的时候要做到公平合理，讲究客观公正，否则不能让人信服
改进质量	1. 进一步完善质量改进流程 2. 根据不同的质量问题来思考相应的改进方法

（3）改进生产安全管理环节

工作要点	要点说明
狠抓生产安全培训	1. 对生产部的新员工、临时工、实习生进行严格培训，必须先经过所在部门、车间、班组的安全生产三级安全教育才能上岗 2. 公司每到改良生产方法、增添新技术设备、制造新产品时，都应该为公司相关人员提供新工作岗位的安全培训 3. 强弱电工程师、电梯操作工能专业性很强的特殊工种人员必须经过专业培训，他们必须经过有关部门颁发合格操作证之后才能独立操作设备 4. 公司举行不定期的生产安全教育活动，可以采用系统讲授法、小组讨论法、角色扮演法、情景模拟法等方式

（续表）

工作要点	要点说明
劳动场地安全管理	1. 劳动场所的布局要合理，以利于工作 2. 如果是有毒、有害的作业，必须配备严密的防护措施 3. 如果劳动场所存在高温、低温、潮湿、雷电、静电等危险因素，必须配备相应的有效防护措施和报警器 4. 公司在改建、扩建、新建生产场地时，建筑单位应该接受建设工程质量监督机构的监督
生产设备安全管理	1. 确保引进或在建的生产设备的安全标准符合国家相关的法律、法规以及对应的技术规范 2. 设立生产设备台账，对所有的设备进行规范化管理，确保生产设备能够安全运行 3. 每一台生产设备应该设置专人负责管理，并定期组织检修和保养
加强安全生产检查	1. 生产部门定期组织生产安全检查，检查车间的安全管理现状，及时发现存在隐患的生产环境，预防潜在的职业危害 2. 在检查过程中如果发现安全隐患，必须立即组织人手分析相关问题，并制订出可行的整改方案
处理安全事故	1. 处理安全事故时应该以事实为依据，做到定性准确、责任分明、处置公正 2. 当安全事故发生后，应该先进行事故调查，弄清楚原因后再按照事故处理程序来处理

4. 改进生产物料管理环节

工作要点	要点说明
明确生产物料需求	1. 主生产计划：明确在某个阶段应该生产处理的各种产品 2. 物料清单：说明产品由哪些零部件、原材料构成，并阐明它们之间的关系及需求量 3. 库存记录：生产产品所需物料的现有库存量
控制物料库存	1. 设定安全库存、订购点以及订购量 2. 公司应该根据不同类型的物料来选择定量订购制或定期订购制
加强物料保养	仓库管理员应该定期对物料进行盘点，注意防火、防盗、防潮、防腐、防压（“五防”），确保仓库里的物料无霉烂变质、无损坏丢失、无杂物积尘、无鼠患、无隐患（“五无”）

（续表）

工作要点	要点说明
加强物料使用管理	1. 在领用物料时应该填写领料单，经过相关领导审批后，再由仓管员按照领料单的要求来发放物料 2. 使用物料时应该遵守“先进先出”的顺序，并且要轻拿轻放 3. 对于剩余或质量不合格的物料，应该进行退料处理，减少不必要的损失
加强物料调拨管理	在物料借出借入、委托加工、特殊物料的调拨中应该做好相应的登记

怎样优化采购环节的日常管理

要点提示

a．做好采购工作任务分析，找出各个任务的执行要点。

b．草拟采购部门目标任务分解计划，明确部门年度主要活动、考核指标以及预算费用。

c．根据部门工作规划来落实各项关键目标任务，全面强化日常管理。

采购环节的管理水平，对下游的生产环节和销售环节的影响很大，同时也关系到公司的财务状况。目标管理法倡导聚焦效应，集中力量办最要紧的事，反对无谓的浪费。这与采购环节的工作要求高度相同。我们接下来从采购工作任务分析着手，把目标管理法应用到实处。

一、采购工作任务分析

采购工作的基本任务包括制订并组织实施采购计划、挑选供应商、采购合同管理、控制采购进度、检验物资采购质量等。以下是与各项任务相关的岗位责任、组织形式、工具／方法、所需资源和任务要求等操作要点。

	制订并组织实施采购计划	挑选供应商
岗位责任	制订物资采购计划，确保采购的物资能满足公司的需要	调查市场中的各家供应商，选择合适的合作方，做好供应商维护工作
组织形式	根据生产部门的反馈意见来统筹安排计划	采购部门独立完成
工具／方法	1. 上一年度的采购计划书 2. 生产部门需求计划书	通过市场调研来了解各供应商的实力和信用等级
所需资源	决策领导层的支持和必要的采购费用预算	市场调研情报、市场部的支持、足够的市场调研费用
任务要求	根据公司的发展规划来制订采购计划	为公司寻找信用等级高、供货质量好的供应商进行合作

	采购合同管理	控制采购进度	检验物资采购质量
岗位责任	负责合同的审查，监督合同执行情况，建立合同台账	负责采购跟单、催货、采购交期管理等工作，确保公司所需货物能及时供应	负责把控采购质量，确保采购物资符合公司的要求
组织形式	与档案管理部门联合完成	采购部门独立完成，全权负责督促供货商的工作进度	采购部门独立完成
工具／方法	1. 采购合同评审规则 2. 采购合同台账	采购合同中关于采购进度的规定	1. 质量检测设备 2. 员工操作技能
所需资源	与采购合同管理配套的一系列规则、制度、政策	采购进度计划和采购跟单	质量合格检验单、齐全的检验设备
任务要求	按照国家规定和公司规定来管理采购合同，避免吃回扣等不良现象	及时催货，确保采购进度满足生产标准	按照质量合格要求来检验采购物资的质量

二、采购部门年度工作规划

1. 部门整体控制目标

（1）制订合理的采购计划，采购计划执行率达到___%。

（2）年度采购物资总量达到___件（吨）。

（3）认证供应商数量达到___个。

（4）入库物资质量合格率达到___%。

（5）物资供应及时率达到___%。

（6）部门办公管理费用控制在___万元～___万元之间。

2. 部门年度预算及编制依据

（1）部门年度业务预算为___万元。

（2）生产用材料采购现金流量预算的编制依据，包括20___年生产用材料采购、20___年采购价格预测、20___年采购周期预测、20___年采购资金支付政策预测等。

3. 部门管理费用预算

（1）部门年度管理费用预算为___万元。

（2）部门员工工资及奖金编制依据，包括20___年部门人员计划、20___年部门薪酬计划、20___年部门奖金政策。

（3）部门办公费用的编制依据是20___年部门主要活动。

三、落实关键的采购目标任务

关键的采购目标任务主要分为采购成本控制、采购质量控制、采购招标管理和采购管理风险四个环节，详细的改进要点如下：

1. 改进采购成本控制环节

工作要点	要点说明
明确采购计划	1. 编制原材料采购计划，包括收集生产计划任务量信息、弄清消耗定额、分析历史资料数据和分析市场行情等内容 2. 编制设备采购计划，包括确定设备采购需求、调查设备采购市场、选择设备采购方式、提交设备采购申请等内容 3. 编制商品采购计划，包括明确采购品种、采购数量、采购时间、所选供应商等内容
加强预算审批管理	1. 必须以年度预算计划和预算管理制度为依据来编制采购预算 2. 根据不同类型的采购预算内容来选择合适的方法编制采购预算 3. 公司采购部门、财务部门及相关部门应该加强对采购预算的监督管理力度
控制采购价格	1. 了解采购价格的现金价、出厂价、送达价、期票价等重要信息 2. 应该向多个供应商咨询采购价格 3. 采购员应该认真对比各供应商的报价单内容，为接下来的价格谈判做好准备 4. 利用合理的议价策略跟供应商议价，确定最终的购买价格
控制采购订货量	采购员应该根据采购费用、库存成本和采购价格等因素来确定经济订货批量，审核每次采购数量，降低综合成本
控制采购入库付款	采购员应该对满足入库条件的物资及时办理入库手续，并跟供货方核对账务，确认无误后再办理采购结算手续

2. 改进采购质量控制环节

工作要点	要点说明
加强采购质量检验	1. 采购员应该收集采购业务相关资料，协调生产部门、技术部门制订物资的产品规划和质量标准，并根据公司相关验收规定来制订采购物资验收标准 2. 应该根据采购物资的属性安排，合理使用感官检验法、物理检验法、化学检验法、产品试验法、微生物检测法等手段来检验采购物资 3. 验收小组对检验合格的物资出具“采购物料检验报告单”，并交给仓库管理员办理入库手续，对不合格的物资则执行退货、换货流程

（续表）

工作要点	要点说明
做好供应商认证	1．编制供应商质量认证标准和认证说明书 2．供应商认证小组对供应商的管理水平、质量管理体系、生产情况、工艺水平、物流状况、生产环境、售后服务等进行认证 3．采购部与通过认证的供应商签订包含供货质量标准和违约责任的协议
完善采购程序	1．按照整个采购工作程序来加强管理 2．加强部门之间、员工之间的协作水平，确保采购质量达标
制订采购工作细则	1．规范采购人员的工作职权、职业道德、工作策略和职业礼仪等内容 2．制订公平合理的奖惩措施

3．改进采购招标管理环节

工作要点	要点说明
做好招标准备	1．成立由采购方代表、招标协调人和专业技术顾问组成的招标委员会 2．编制招标文件，内容包括招标项目的技术要求、对投标人资格审查的标准、投标报价要求和评标标准等内容并拟定合同的主要条款 3．采取公开招标方式时，在招标公告中写明招标方的名称和地址、招标项目的性质、数量、实施地点和时间、获取招标文件的办法等内容 4．采取邀请招标方式时，应该向三个以上具备承担招标项目的能力和资信良好的特定法人或其他组织发出投标邀请书 5．招标方不得向他人透露已经获取招标文件的潜在投标人的名称、数量和其他可能影响公平竞争的有关招标投标的信息
加强开标管理	1．开标时由投标人或其代表检查投标文件的密封情况，确认无误后再由工作人员当众拆封并宣读投标人名称、投标价格以及其他主要内容 2．招标方在招标文件中要求在提交投标文件的截止时间前收到的所有投标文件，都应该在开标时当众拆封和宣读 3．开标过程必须记录存档
加强评标管理	1．评标工作应该严格按照评标程序进行，由招标方依法组建的评标委员会负责 2．评标委员会成员不得私下接触投标人，不得收受投标人的好处 3．评标委员会成员和参与评标的工作人员不得透露委员会对投标文件的评审、中标候选人的推荐情况以及其他与评标相关的机密信息

（续表）

工作要点	要点说明
加强中标管理	1. 招标方应该在确定中标人后向对方发出中标通知书，同时把中标结果告知所有未中标的投标人 2. 招标方和中标人应该自中标通知书发出之日起30日内，按照招标文件和中标人的投标文件来订立书面合同

4. 改进采购管理风险环节

工作要点	要点说明
深入分析采购风险	1. 建立采购风险评估小组，及时预测采购中可能遭遇的风险 2. 编制采购风险评估报告并制订风险应对预案
控制采购风险	在采购部门内部建立采购风险预警和应急体系
规避预算计划风险	1. 完善预算目标及标准体系，加强预算管理 2. 加强对计划编制依据和基础数据的管理，确保采购计划完整可靠
规避价格管理风险	1. 加强对供应商的供应价格管理 2. 加强公司内部采购价格的监督管理 3. 提高采购价格监测和预警能力
规避合同管理风险	1. 提高采购员的合同诈骗识别能力 2. 规范合同专用章管理制度 3. 加强对合同执行情况的检查力度 4. 严格控制采购合同变更的审核程序
规避采购进度风险	1. 采购员应该做好交货期管理 2. 建立与供应商的畅通沟通机制
规避采购结算风险	1. 根据不同结算方式的特点来选择合适的结算方式 2. 设置预付账款追踪检查制度
规避采购外包风险	1. 根据物资分类和公司发展的重心来决定采购外包业务的范围及形式 2. 公司应该跟外包商签订服务质量协议，明确采购外部服务质量标准

怎样优化财务环节的日常管理

要点提示

a．做好财务工作任务分析，找出各个任务的执行要点。

b．草拟财务部门目标任务分解计划，明确部门年度主要活动、考核指标以及预算费用。

c．根据部门工作规划来落实各项关键目标任务，强化各方面的日常管理。

财务环节的日常管理比其他环节要复杂得多，财务风险对企业的影响也更为直接。财务部门要制定各部门的预算。财务目标管理不仅要求平衡收支、减少不必要的资金浪费，还要求减少财务风险，提高企业的抗风险能力。我们将从财务工作任务分析入手，逐步构建一个更加完善的财务管理机制。

一、财务工作任务分析

财务工作的基本任务包括制定财务预算、财务成本控制、组织财务分析、组织会计核算等。以下是与各项任务相关的岗位责任、组织形式、工具／方法、所需资源和任务要求等操作要点。

	制定财务预算	财务成本控制
岗位责任	组织人手来编制财务预算并全部汇总，领导审批后开始执行	监督各部门预算计划的执行情况，审核各部门的支出费用，制订成本控制方案
组织形式	汇总各部门关于财务预算的建议后进行统筹安排	财务部门跟各部门协力完成
工具／方法	1. 上一年度的财务预算计划 2. 各部门财务预算报表	1. 成本控制方案 2. 各部门财务预算报表
所需资源	决策领导层支持，各部门财务预算情况	各部门的财务预算情况，务求详细
任务要求	根据公司发展战略和营销规划来制定财务预算	在确保各部门能完成任务的前提下，把公司的财务成本控制在预算范围内

	组织财务分析	组织会计核算
岗位责任	定期或不定期地组织力量进行财务分析，为公司提供财务分析报告	负责组织会计队伍做好会计核算工作，编制及审核会计报表
组织形式	财务部门独立完成，但需要各部门提供相关的财务信息	财务部门独立完成
工具／方法	1. 财务分析软件 2. 财务分析资料 3. 财务分析方法	1. 会计核算软件 2. 会计核算相关单据
所需资源	各部门的财务预算信息、公司经营数据、公司经营统计报告	各部门的财务预算信息、公司的经营数据
任务要求	根据公司的经营数据来进行财务分析，确保分析结果准确无误	准确、及时、完整地做好记账、算账和报账工作，为公司提供准确的会计核算资料

二、财务部门年度工作规划

1. 部门整体控制目标

（1）制订合理的财务计划，财务计划执行率达到___%。

（2）资金上存率达到___%以上。

（3）年末货币资金余额达到___万元以上。

（4）总部费用支出控制在___万元以内。

（5）全年收取司属单位上交款项___万元，完成年度计划的___%。

（6）新开项目资金策划率达到___%

（7）全公司利润总额达到___万元。

（8）财务办理业务投诉率为0。

（9）部门办公管理费用控制在___万元~___万元之间。

2. 部门年度预算及编制依据

（1）部门年度业务预算为___万元。

（2）财务预算的编制依据，包括20___年产品生产、采购预测和20___年公司投融资计划预测。

3. 部门管理费用预算

（1）部门年度管理费用预算为___万元。

（2）部门员工工资及奖金编制依据，包括20___年部门人员计划、20___年部门薪酬计划、20___年部门奖金政策。

（3）部门办公费用的编制依据是20___年部门主要活动。

三、落实关键的财务目标任务

关键的财务目标任务主要分为财务投资、财务融资、财务风险管理和资金运营四个环节，详细的改进要点如下：

1. 改进财务投资环节

工作要点	要点说明
精准捕捉投资机会	1. 观察国家的产业政策、税收政策、金融政策的变化，从中寻找合适的投资机会 2. 根据当前的市场产品容量、供需情况、产品进出口情况等情报来寻找投资机会，注意把握市场未来的变化趋势
把控投资项目决策	1. 编制《投资项目建议书》，并邀请专家来审查建议书的可行性 2. 委托第三方专业机构对项目的可行性展开研究，检查拟定的投资方案是否具备可行性，主要的潜在风险能否有效控制，是否采取了有效的防范措施等内容
高效执行投资项目	1. 派有相关资格的人进驻投资项目，给予其足够的权利和职能，对该项目进行跟踪管理 2. 定期组织人手分析公司的投资质量，定期与被投资的企业核对账目并计算收益。设置投资备查登记簿，以备公司随时掌握各个投资项目的进展 3. 及时向上级领导汇报项目执行过程中遭遇的不可控的异常情形
规范投资处置	1. 财务人员应该在编制投资处置报告前对投资项目进行科学分析 2. 投资处理的标准必须保证客观和严谨，对投资资产的处理不应该越级审批，必须按照权限逐级审批
规避投资风险	1. 全面分析各种风险，提高对投资风险的预测能力 2. 尽可能地避免与风险相关的投资活动，提高对投资风险的控制能力 3. 适当地分散或转移风险，提高财务风险处理能力

2. 改进财务融资环节

工作要点	要点说明
编制融资方案	1. 根据公司的融资目标、发展规划、年度全面预算来分析公司的资金需求，合理预测融资数量，力求融资额与需求相符 2. 在融资方案中明确融资的用途、规模、结构、期限和方式等内容 3. 相关人员应该认真检查当前的融资方案是否具备完整性和可行性
评估融资风险	1. 设置融资风险评估小组，确定风险评估标准及方法 2. 分析风险形成的内部原因和外部原因，以此为基础书写《风险分析评估报告》

（续表）

工作要点	要点说明
执行融资方案	1. 严格按照融资方案的内容来拟定融资合同 2. 由上级领导和法律顾问共同审核融资合同，确保合同的合法性、合理性以及完整性 3. 相关人员在签订融资合同后，必须及时核实资金的到账情况，一旦发现异常必须立即汇报 4. 根据融资合同中的相关规定，融资主管和专员应该加强对融资资金使用情况的监督
加强融资偿付管理	1. 公司财务部应该根据公司当前的财务状况合理安排借款的偿还期和归还借款的资金 2. 相关人员在接到偿付清单和记账凭证后，必须认真核对清单上的金额，并按要求办理偿付手续

3. 改进财务风险管理环节

工作要点	要点说明
控制财务风险	1. 建立财务预警分析指标体系，减少财务风险的产生 2. 建立财务分析指标体系，并灵活设置短期或长期财务预警系统 3. 树立财务风险意识，健全内部管理制度，降低可能产生负债的潜在风险
规避预算风险	1. 健全预算工作岗位责任制，明确相关工作人员的职责、权限和工作流程 2. 强化对预算调整的管控，确保预算的调整有据可依、方案合理可行、调整程序符合规章制度要求 3. 建立预算执行分析、审计、考核等体系，确保预算的科学性、合理性、可行性
规避资产风险	1. 建立固定资产业务的岗位责任制，规范授权审批制度 2. 强化对固定资产的日常管理，明确规定固定资产的处置范围、标准和审批权限，确保固定资产的安全和完整 3. 设置规范的无形资产管理机构，明确无形资产管理业务中的审批程序 4. 强化对无形资产的日常管理，明确规定无形资产的处置范围、标准和审批权限，避免公司的无形资产流失或浪费

（续表）

工作要点	要点说明
规避成本费用风险	1. 设置规范的成本费用管控机构，明确该机构成员的权责分工 2. 以标准化的流程和制度来规范成本费用的预测、决策、预算、控制及考核工作
规避财务信息风险	1. 开发或变更财务信息系统时应该做好财务信息系统的日常维护 2. 完善财务信息系统操作管理、数据管理以及财务信息化档案管理制度

4. 改进资金运营环节

工作要点	要点说明
优化现金管理	1. 严格遵守国家关于现金的管理规定，包括现金的使用范围、库存现金的限额、现金的存取规定等内容 2. 健全公司内部关于现金管理的规章制度 3. 公司应当设置健全的现金账目，逐笔记录现金支付，做到日清月结和账款相符。现金的收支必须坚持“收有凭，支有据”，避免因手续不全造成管理漏洞 4. 控制好现金的持有规模，办理现金付款手续时注意审查原始凭证是否真实准确 5. 选择为人诚信、责任心强、业务娴熟的工作人员来保管现金，但超出公司规定库存限额以外的部分现金应该及时存入银行
优化银行存款管理	1. 加强对公司的基本存款账户、一般存款账户、专用存款账户、临时存款账户的管理 2. 公司相关人员应该按照账户管理规定使用银行结算账户来办理结算业务，不得出租、出借银行结算账户，不得利用银行结算账户套取银行信用或非法洗钱 3. 公司相关人员应该加强对预留银行签章的管理，相关责任人在收到对账单或对账信息后，应该及时核对账务并在规定期限内向银行发回对账回单 4. 公司因故要撤销银行结算账户时，必须与开户银行核对银行结算账户存款余额，交回各种重要空白票据及结算凭证和开户许可证

（续表）

工作要点	要点说明
优化应收账款管理	1. 对公司未来的市场前景和销售计划进行预测，调查应收账款的安全性，制定科学合理的应收账款信用政策 2. 坚持催收应收账款，定期公布往来欠款信息 3. 可以将折扣和应收账款、扩大订货量、付现款挂钩，使应收账款尽早回收 4. 在应收账款明细账目中清楚地记录坏账的核销，对已核销的坏账进行专门管理

怎样优化人力资源环节的日常管理

要点提示

a. 做好人力资源工作任务分析，找出各个任务的执行要点。

b. 草拟人力资源部门目标任务分解计划，明确部门年度主要活动、考核指标以及预算费用。

c. 根据部门工作规划落实各项关键目标任务，强化各方面的日常管理。

俗话说："事在人为。"无论多么完善的规划，多么宏大的目标，最终都是由人来完成的。提高管理者和员工的综合素质，确保每个岗位有合格的人才可用，是人力资源管理最根本的使命。人力资源环节是跟人打交道最多的环节，对员工的士气有直接影响。我们将从人力资源工作任务分析入手，揭示人力资源环节的日常管理应该朝哪些方向改良。

一、人力资源工作任务分析

人力资源工作的基本任务包括编制人力资源部规划、招聘与选拔员工、培训和开发、绩效考核、薪酬激励、处理员工关系等。以下是与各项任务相关的岗位责任、组织形式、工具／方法、所需资源和任务要求等操作要点。

	编制人力资源部规划	招聘与选拔员工
岗位责任	组织人手编制和落实人力资源规划，为公司的重大人事决策提供信息支持与合理化建议	根据部门用人要求来提出员工招聘方案，经过审批后正式实施
组织形式	听取各部门关于用人需求的建议后再进行统筹安排	与各业务部门联合完成
工具／方法	1. 劳动力市场调研 2. 人力资源供给和需求信息表	1. 人力资源供给和需求信息表 2. 员工招聘方案
所需资源	决策层领导支持、各部门的用人需求信息、劳动力市场信息	各部门的用人需求信息、劳动力市场信息、员工招聘方案
任务要求	充分满足公司战略规划发展期内的用人需求	为公司选拔优秀或有潜力的人才，充实团队的力量

	培训和开发	绩效考核
岗位责任	根据公司发展的需要，为各类岗位员工提供有针对性的培训方案并加以实施	安排专人定期组织和实施绩效考核
组织形式	认真听取各部门的培训要求和建议，再统筹安排培训活动	统筹规划考核方案，让各部门重视绩效考核
工具／方法	1. 培训需求调研分析表 2. 培训方案 3. 培训方法选择方案	根据各部门工作任务的特点来制订绩效考核方案
所需资源	培训费用、各部门培训需求信息、管理层的支持	绩效考核方案与公司管理层的支持
任务要求	通过培训来提升各部门员工的业务水平	公平、公开、公正地组织绩效考核

	薪酬激励	处理员工关系
岗位责任	编制薪酬计划，审核各部门的奖金和提成分配方案	受理员工投诉和公司内部劳资纠纷，保持公司内部沟通机制良好运转
组织形式	人力资源部独立完成，要特别注意信息保密	人力资源部独立完成，但应该征求管理层和法律顾问的意见
工具/方法	1. 薪酬激励方案 2. 薪酬发放细则	1.《劳动法》 2.《劳动合同法》 3. 企业内部劳动争议处理预案
所需资源	薪酬激励方案、薪酬发放细则、预算支持、工资报表	《劳动法》《劳动合同法》和其他相关的法律法规
任务要求	能为公司提供对内公平且对外有竞争力的薪资激励方案，以便吸引外部人才，留住核心员工	能为公司及时处理员工矛盾，降低组织运营风险及成本，提高公司内部的凝聚力

二、人力资源部门年度工作规划

1. 部门整体控制目标

（1）制订公司组织结构和公司员工招聘、入职、培训、职务变动、奖惩等各项人力资源管理制度，并且力求保持公司组织结构和相关人力资源管理制度在___年内不再做较大调整。

（2）制订合理的人力资源规划和工作计划，人力资源工作计划执行率达到___%。

（3）人员配置及时率达到___%，核心员工离职率降低___%。

（4）培训计划完成率达到___%，员工资格评定达标率达到___%。

（5）员工关系维持良好，没有劳动争议和投诉事件发生。

（6）部门办公管理费用控制在___万元～___万元之间。

2. 部门年度预算及编制依据

（1）部门年度业务预算为___万元。

（2）人力资源成本预算的编制依据，包括20___年企业人才需求预测和20___年××行业人才薪酬水平预测及分析。

3. 部门管理费用预算

（1）部门年度管理费用预算为___万元。

（2）部门员工工资及奖金编制依据，包括20___年部门人员计划、20___年部门薪酬计划、20___年部门奖金政策。

（3）部门办公费用的编制依据是20___年部门主要活动。

三、落实关键的人力资源目标任务

关键的人力资源目标任务主要分为人才引进、人才培养、人才晋升和人才考核四个环节，详细的改进要点如下：

1. 改进人才引进环节

工作要点	要点说明
提供薪资福利待遇	1. 构建一套科学合理又具有灵活性的薪酬制度，为吸引优秀人才打下了坚实的基础 2. 建立现代企业制度，制订符合公司实际情况和发展需求的股权激励制度，把各部门的骨干人才吸纳到公司核心层里 3. 积极配合社会福利制度建设，在公司建立比较完善的福利保障制度
完善职位策略	1. 根据人才自身的能力素质和公司发展目标来设置职位，为优秀的人才提供能让其一展抱负的好岗位 2. 在公司内部形成良性竞争机制，确保公开、公平、竞争上岗，让有能力的人得到晋升，淘汰庸碌无为的人

（续表）

工作要点	要点说明
改进用人理念	1. 公司应该运用科学的人才评估体系来考察人才的能力、品德等方面，从中选拔出最适合公司的人才，而不应该只招那些不适合公司的人才 2. 公司应该通过科学的岗位胜任素质模型来分析人才素质，把每一位员工都配置在最适合他的岗位上 3. 公司应该根据人才的素质特征、所在岗位和目标任务来提供各种资源支持，让人才获得更多成功机遇和成就感
明确招聘权责	1. 人力资源部负责组织招聘，拥有初次筛选权、否决权，但没有决定权 2. 用人部门负责面试应聘者，对其工作技能的评价有决定性影响 3. 当招聘结果存在争议时，上级主管应该提出复试或者重新选择人才
树立人才战略意识	企业文化建设对提高公司的凝聚力有重要意义。公司应该建立符合自身需要的以人为本的企业文化，并在平时加强宣传。在企业文化的层面上树立人才战略意识，为解决人力资源管理问题提供指导思想

2. 改进人才培养环节

工作要点	要点说明
完善人才培养体系	1. 完善员工培训制度，将员工培训纳入公司发展的整体规划当中 2. 借助高校的资源来培训人才，推动校企深度合作，为公司打造完善的人才储备库 3. 完善人才评价体系，以职业能力素质为导向，以业绩和贡献为依据，促进人才的专业知识水平和职业道德全面发展
完善人才培养机制	1. 公司在培养人才时既不能脱离当前的目标任务要求，又不能忽视未来的发展趋势。除了做好现有技能的培训，还应该超前进行某些未来工作需要的关键技能培训 2. 培养专才和培养通才双管齐下，培养业务人才和培养管理人才并举，公司应该尽可能地培养多种人才，避免团队出现严重的短板 3. 改进教学模式，让员工培训变得更加生动有趣，内容少而精，结合业务实例来进行启发式教学

（续表）

工作要点	要点说明
明确人才培养规划	1. 把人才培养规划列为公司人力资源管理的重要组成部分，制订满足公司人才培养需求的可操作的系列方案 2. 人才培养规划应该包括人才培养目标、培养对象、教学内容、覆盖范围、教学规模、培训时间和培训费用
明确人才培养内容	通过分析公司的战略形势、公司当前的计划执行进度、员工行为和岗位绩效的差异、组织任务和员工素质的差异等背景情况，制订有针对性的培训教学内容，提高人才队伍完成目标的能力
设计培训课程	1. 设计培训课程时既要注意遵循成人学员的学习规律，又要体现公司培养人才的基本目标 2. 分析开展培训的环境及条件，根据现有资源来设计课程内容和教学方法
准备培训资源	1. 编写和印刷培训教材、工作任务表、岗位指南、测验试卷等培训中会用到的培训材料 2. 选择专业的培训讲师，可以根据公司情况用业务骨干与外部专家相结合的方式来提高培训质量 3. 组织编写适合员工的实用培训教材，一定要注意培训知识不能落后于当前形势

3. 改进人才晋升环节

工作要点	要点说明
改善人才晋升策略	根据公司的情况来制订合理的人才晋升策略。可以选择以员工实际绩效为主导的晋升策略、以员工竞争力为主导的晋升策略、以员工综合素质为主导的晋升策略
完善配套措施	1. 公司管理层应该优先把晋升机会留给组织内部的优秀员工，以激励全体员工力争上游 2. 做好公司工作岗位分析、评价和分类，通过岗位分析来明确各个岗位的工作职责、权利和考核标准。为人才描绘合理的岗位晋升路线图 3. 公司应该定期公布内部岗位空缺状况，鼓励内部员工积极竞聘空缺岗位 4. 公司要制订正确的人才晋升方案，把人才晋升工作做得更加规范

（续表）

工作要点	要点说明
加强员工晋升管理	1. 公司应该建立比较完备的人才信息系统，以便管理层能随时查阅哪些人才具备晋升的潜力 2. 公司应该设计不同类型员工的晋升程序 3. 用配对比较法、主管评定法、升等考试法、综合选拔法来选拔晋升候选人

4. 改进人才考核环节

工作要点	要点说明
制订考核计划	1. 根据考核目的、工作性质、目标任务、奖金发放周期等因素来设计人才考核的周期 2. 根据实际情况来选择业绩考核、品德考核、工作态度考核等考核内容 3. 根据考核效果、公平性、实用性和成本等因素来选择合适的人才考核方法。常用的考核方法有笔试法、面试法、测量法和情景模拟法 4. 注意岗位对人才素质的多元化要求，必要时把不同的考核方法组合起来使用
明确考核标准	1. 设置内容明确、可以量化、有针对性和关联性的人才考核指标，将考核指标与相关的目标任务结合起来 2. 合理安排每个考核指标在考核体系中的权重，准确计算考核指标乘以权重后的得分，然后再算出考核总分
评价人才考核结果	1. 考评人员应该综合使用多种考核技巧，尽量避免个人主观因素影响考核结果的真实性、客观性和公平性 2. 在考核过程中坚持公平、公正、公开、透明、标准化和灵活性相结合的原则 3. 使用量表评测法、配对比较法、平衡计分卡法、KPI业绩评价法、全方位评价考核法等常用评价方法

（续表）

工作要点	要点说明
加强考核反馈	1．客观全面地反映员工在考核周期内的综合表现，使其认清自己在本阶段工作中的优缺点 2．通过考核结果的反馈来找出未能完成目标任务的原因，为下一步改进工作做准备 3．跟员工一起分析考核结果不佳的原因，提出改进意见，制订工作调整计划
应用考核结果	把考核结果应用于绩效改进、绩效提升、绩效奖惩、薪资调整、职务调整和员工培训内容调整等方面

第六章
绩效考核制度不合理，目标管理必定虎头蛇尾

我们在使用目标管理法时，不能不重视绩效考核问题。如果大家无论做多少工作都获得统一的报酬，工作积极性就会大大下降，把实现目标的职责推给其他人。但应该注意的是，当管理者片面追求量化的绩效考核时，可能会导致团队成员只关注个人指标的完成情况，而不关心团队整体的目标。为了让绩效考核制度发挥应有的导向作用，管理者制订考核标准时应当遵循基本的考核原则，选择与企业实际情况相符的考核办法，以可靠的数据来源和严谨的考核流程为基础，避免考核结果引发内部争议。

发挥绩效考核的导向作用

要点提示

a. 绩效管理的主要意义在于通过绩效考核来帮助员工强化目标管理的执行力。

b. 绩效考核的目的是改善绩效，而不是划清责任。

c. 企业管理者设定的绩效考核指标具有导向作用，决定了员工的思考及行为模式。

绩效的“绩”指的是业绩，“效”指的是效率。前者对应了员工的工作结果，后者反映了员工的工作过程。也就是说，绩效是过程和结果的总和。绩效考核则是对绩效水平的考察评估，核实员工工作的实际结果，再将其与预期结果（目标）进行对比，从而衡量出考核对象是否完成了企业制定的目标。毫不夸张地说，没有进行绩效考核的企业会迅速垮台，因为绩效考核对企业和个人都有不可忽视的导向作用，是落实目标管理法的一项关键工作。

一、绩效考核的目的和意义

有些管理者认为绩效考核的目的是分清工作责任，主要用途就是使管理者按照考核标准来扣钱。这个观点太偏颇。绩效考核的主要目的其实是改善绩效，而不是追究责任。那些只能用来扣钱而不能指导改进绩效的指标，对绩效管理毫无用处。我们先来谈谈绩效考核对企业和员工的重要意义。

1. 绩效考核对企业管理的意义

绩效考核对企业管理的意义
1. 规范员工的工作内容，控制人力成本
2. 激发员工的责任心
3. 调动员工的积极性
4. 衡量员工的价值与才能
5. 促进组织团队建设，加强员工的团队合作精神
6. 找出公司在运营管理过程中的不足之处，加快公司的发展速度

2. 绩效考核对员工的意义

绩效考核对员工的工作生活有以下七个直接影响：

◆员工看到绩效考核结果后，能清楚地认识到自己的优缺点。

◆企业可以根据绩效考核结果来为员工提供有针对性的技能培训。

◆员工的绩效考核结果跟薪酬奖金是直接挂钩的。

◆假如绩效考核证明员工不能胜任岗位，管理层就会调整其职务甚至解雇该员工。

◆企业可以根据员工的绩效考核结果来为其制订合理的职业生涯规划。

◆绩效考核结果是员工晋升的首要依据。

◆公平、公正的绩效考核能让员工之间的关系更为融洽。

二、绩效考核的六个原则

1. 公开明确原则

绩效考核的评价标准必须是明确的，而且考核过程也应该对公司全体成员公开。唯有这样，考核结果才能令人信服，不至于引发不必要的争议。暗箱操作的绩效考核无法取信于人，只会让员工离心离德。

2. 客观原则

考核标准必须符合客观实际，不能掺杂主观因素和感情色彩。绩效考核标准越客观，考核过程越透明，考核结果越准确。充满主观臆断色彩的绩效考核，无法准确反映实际的目标执行结果，会误导公司高层决策。

3. 直接原则

考核对象的直接上级是实施绩效考核的主要负责人。因为他们对该员工的情况最熟悉，所以能在考核评价中提供很多有参考价值的信息。间接上级参与绩效考核时，原则上不应该擅自修改直接上级写给考核对象的评价意见。

4. 反馈原则

考核结果应该及时反馈给考核对象本人，考核负责人应对考核评语做出进一步的解释说明。考核对象不了解考核结果和得出这个结果的依据时，根本不知道自己哪里做得好、哪里做得不到位，改进绩效也就无从谈起了。

5. 差异原则

在遵循客观原则的前提下，绩效考核还应该注意差异性。不同的层级、部门、工种和岗位的绩效考核标准，万万不能一模一样，必须根据实际工作的客观差异来制订差异化的考核标准。特别是要使表现优异的人和表现糟糕的人之间的评价拉开差距，奖勤罚懒，激励员工上进。

6. 相关性原则

考核内容必须是跟员工的工作内容和目标任务相关的东西。任何不影响工作的因素，都不该被纳入正式的绩效考核体系当中。比如员工的个人兴趣爱好、生活习惯等，只要不妨碍工作，就应该不作为考核内容，这样才能保障考核对象的权益。

常用的考核方法

要点提示

a. KPI业绩评价法是企业常用的绩效考核方法，其精髓是把组织战略目标分解为可以量化的可操作指标。

b. 平衡计分卡考核法的一大作用是维持长期目标与短期目标的平衡。

c. 全方位评价考核法能全面考核员工的综合表现，但考核过程相对复杂，比较费时费力。

现代企业的绩效考核方法多种多样，但并不是每一种都适用于目标管理法。过于粗糙的绩效考核方法，会让员工感到不公平、不合理。太复杂的考核方法会增加管理运营成本，导致原本可以用于实现目标的时间、资源、人力浪费在考核环节。适用于目标管理法的绩效考核方法主要有KPI业绩评价法、平衡计分卡考核法和全方位评价考核法三种类型。

一、KPI业绩评价法

KPI（Key Performance Indicator）意为关键绩效指标。KPI业绩评价法

把组织战略目标分解为可以量化的可操作指标，将责任细分到每个部门、每个员工，再通过各项具体的考核指标来控制目标实施的流程。因此，KPI堪称现代企业绩效管理的基础。KPI业绩评价法的操作流程主要分为以下四个步骤：

1. 设定目标

设定公司的战略目标是公司董事会、监事会和管理层的使命。没有战略目标就无法进一步设定具体的关键绩效指标。

2. 分解目标

各部门负责人根据本部门的职能分工和实际情况，把公司战略目标分解为部门的考核指标，分析跟绩效相关的技术、组织、人力、物力、财力等因素，以此为依据，规范工作流程，确定业绩评价体系。

3. 设定KPI

根据部门职责和岗位职责来提取关键要素，将其转化为关键绩效指标。KPI的权重一般不低于5%，不高于30%，为了便于计算，通常取5的倍数。

4. 审核KPI

管理者在设计KPI时，应该通过相关性分析将不合理或重复的指标剔除出去，确保关键绩效指标能够全面而客观地反映考核对象的绩效。此外，KPI业绩评价法必须易于操作，否则难以发挥实效。

二、平衡计分卡考核法

平衡计分卡考核法从财务、运营、客户、成长四个维度出发，把公司战略目标逐层分解，并将其转化为相互平衡的考核指标体系。这种考核方法的核心特征是四个相互平衡的维度。

维度	具体内容
财务维度	财务性绩效指标可以直观地反映公司的业绩与股东的利益，是一种能有效控制和评价公司业绩的指标 平衡计分卡中包括的常用财务性业绩指标主要有利润增长率、资产回报率
运营维度	公司战略目标的实现，客户需求被满足，都依赖于公司内部运营的支持。公司应该以生产经营、售后服务和创新三个具体环节为切入点，探索企业如何管理内部业务，确保运营高效有序，更好地实现组织的战略目标。运用平衡计分卡考核法能够帮助公司管理层贯彻这个意图
客户维度	平衡计分卡考核法强调以客户为核心，对客户满意度、客户保持程度、新客户的开发数量、客户获利能力和市场份额等指标做出相应的评价，为实现公司战略目标打下口碑基础
成长维度	公司发展需要各方面的支持。为此，公司应该加强对员工的培训，不断完善信息系统和企业管理流程。平衡计分卡考核法通过对员工培训支出、员工满意度、员工的稳定性、员工的生存率等指标进行考核，在提高员工综合能力的同时，也增强了公司的成长能力

上述四个维度相互依存，实现了财务指标与非财务指标的平衡、长期目标与短期目标的平衡、公司外部与内部的平衡、领先指标与滞后指标的平衡，故而该考核法被称为平衡计分卡考核法。其中，运营维度、客户维度和成长维度属于领先指标，财务维度属于滞后指标。领先指标主要考察过程，滞后指标主要考察结果。平衡计分卡考核法兼顾过程和结果，把目标管理落到实处。公司应该成立平衡计分卡委员会，根据公司所处行业、发展阶段、优势劣势、公司规模、综合实力、资源、渠道等因素来设置各个层次的目标，并对员工表现进行考核。

三、全方位评价考核法

全方位评价考核法把自我评价和上级评价、同级评价、下级评价结合在一起，务求从多角度全面考察员工。此法能最大限度地避免上级因光环效应、居中趋势、标准偏严、尺度偏松、个人偏见和考核盲点而对员工做出有失客观的评价。缺点是耗费时间长，考核过程复杂，准备工作烦琐。

公司员工全方位评价绩效考核表

考核对象姓名：		部门：			职务：		
考核者姓名：		部门：			职务：		
考核区间：___年___月～___年___月							
评价项目		评价得分					
		上级评价	同级评价	下级评价	自我评价	权重	备注
个人素质（20分）	品德修养					%	
	个人仪表					%	
	实事求是					%	
	踏实坚定					%	
	虚心勤学					%	
工作态度（20分）	积极性					%	
	信用度					%	
	责任感					%	
	纪律性					%	
	团队精神					%	
专业知识（20分）	本职专业知识					%	
	相关专业知识					%	
	外语水平					%	
	计算机水平					%	
	学习能力					%	

（续表）

评价项目		评价得分					
		上级评价	同级评价	下级评价	自我评价	权重	备注
工作能力（20分）	文字表达能力					%	
	逻辑思维能力					%	
	指导教学能力					%	
	人际交往能力					%	
	组织管理能力					%	
工作成果（20分）	目标完成情况					%	
	工作效率					%	
	工作质量					%	
	创新成果					%	
	成本控制					%	
分数合计						100%	
工作综合表现评价							
优缺点分析	优势分析						
	缺点分析						
建议与培训	有待提高技能						
	参加培训项目						
工作预期	明年目标						
	预期表现						

这是全方位评价考核法的常用模板，囊括了多种考核项目。参与考核的人包括考核对象的上级、同级和下级，以及考核对象本人，必要的时候甚至可以让重要客户也参与评分。管理者应该根据公司实际情况来调整具体考核项目，确保考核能更加全面客观地反映员工的绩效情况。

明确不同部门的绩效考核重点

要点提示

a．每个部门的绩效考核重点都会存在差异，不能搞“一刀切”式的粗暴管理。

b．无论哪个部门的绩效考核，都应该遵循公开、公平和公正原则。

c．无论哪个部门的绩效考核方案，都要经过公司高层领导审批并同意才能下发执行。

绩效考核指标的设置不可“一刀切”。因为每个部门的目标和分解任务都存在巨大的差异，绩效考核的重点也各不相同。管理者在制订部门绩效考核指标的时候，绝不能照搬其他部门的规划方案，否则将导致绩效考核结果不能准确反映员工的工作情况。我们应该根据部门工作的重点来制订考核指标，通过量化标准和设置权重来提高绩效考核的准确度和客观性。

一、销售目标绩效考核量化表

销售目标绩效考核量化表主要包括销售额管理、回款管理、费用管理、销售方案合同管理和客户管理五个考核项目。具体考核内容与各项的分值、权重、考核量化标准如下：

考核对象		考核人		考核日期	
考核项目	考核指标	分值	权重	考核量化标准	得分
销售额管理	销售额增长率	15	40%	在考核期内，销售额增长率达到___%	X1
	销售目标达成率	15		在考核期内，销售目标达成率达到___%	X2
回款管理	销售回款率	10	15%	在考核期内，销售回款率达到___%	X3
	坏账率	10		在考核期内，坏账率低于___%	X4
费用管理	销售费用率	10	15%	在考核期内，销售费用率低于___%	X5
	预算达成率	5		在考核期内，预算达成率达到___%	X6
销售方案合同管理	销售合同履约率	10	10%	在考核期内，销售合同履约率达到___%	X7
	方案预期目标实现率	5		在考核期内，方案预期目标实现率达到___%	X8
客户管理	客户增长率	5	20%	在考核期内，客户增长率达到___%	X9
	核心客户流失率	10		在考核期内，核心客户流失率低于___%	X10
	客户满意度	5		在考核期内，客户满意度达到___%	X11
计算公式	考核得分＝（X1+X2）×40%+……+（X9+X10+X11）×20%			考核得分	
考核对象		考核人		复核人	
签字：　日期：		签字：　日期：		签字：　日期：	

二、生产目标绩效考核量化表

生产目标绩效考核量化表主要包括生产计划及补货执行情况、成本控制、产品质量及生产率管理、设备利用及事故控制管理、员工管理、工作满意度管理六个考核项目。具体考核内容与各项的分值、权重、考核量化标准如下：

考核对象		考核人		考核日期	
考核项目	考核指标	分值	权重	考核量化标准	得分
生产计划及补货执行情况	生产计划完成率	15	40%	在考核期内，生产计划完成率达到___%	X1
	交期达成率	15		在考核期内，交期达成率达到___%	X2
	补货订单达成率	10		在考核期内，补货订单达成率达到___%	X3
成本控制	生产成本降低率	10	15%	在考核期内，生产成本降低率达到___%	X4
产品质量及生产率管理	产品质量合格率	10	20%	在考核期内，产品质量合格率达到___%	X5
	平均劳动生产率	10		在考核期内，员工平均劳动生产率达到___%	X6
设备利用及事故控制管理	设备利用率	10	10%	在考核期内，设备利用率达到___%	X7
	安全生产事故次数	5		在考核期内，发生安全生产事故的次数不超过___次	X8
员工管理	员工技能考核通过率	5	10%	在考核期内，员工技能考核通过率达到___%	X9
	核心员工流失率	5		在考核期内，核心员工流失率低于___%	X10

（续表）

考核项目	考核指标	分值	权重	考核量化标准	得分
工作满意度管理	客户满意度	5	5%	在考核期内，合作单位部门工作满意度达到___%	X11
计算公式	考核得分＝（X1+X2+X3）×40%+……+X11×5%			考核得分	
考核对象		考核人		复核人	
签字：　　日期：		签字：　　日期：		签字：　　日期：	

三、采购目标绩效考核量化表

采购目标绩效考核量化表的具体考核内容与各项的分值、权重、考核量化标准如下：

考核对象		**考核人**		**考核日期**	
考核项目	考核指标	分值	权重	考核量化标准	得分
采购计划及成本控制	采购计划完成率	10	30%	在考核期内，采购计划完成率达到___%	X1
	采购成本降低率	10		在考核期内，采购成本降低率达到___%	X2
采购效率及质量控制	物品采购及时率	10	20%	在考核期内，物品采购及时率达到___%	X3
	采购物资合格率	10		在考核期内，采购物资合格率达到___%	X4
	原材料库存周转率	5		在考核期内，原材料库存周转率达到___%	X5
供应商管理	供应商履约率	10	25%	在考核期内，供应商履约率达到___%	X6
	供应商开发增长率	10		在考核期内，供应商开发增长率达到___%	X7
	供应商资料完整性	5		在考核期内，供应商资料不得有缺失条目	X8

（续表）

考核项目	考核指标	分值	权重	考核量化标准	得分
员工管理	核心员工流失率	5	10%	在考核期内，核心员工流失率低于___%	X9
	培训计划完成率	5		在考核期内，员工培训计划完成率达到___%	X10
工作能力	谈判能力	5	10%	谈判经验丰富，能独当一面者得5分 谈判经验较多，需要领导配合进行谈判者得3分 仅有基本的谈判知识，不具备独立谈判能力者得1分	X11
	观察能力	5		能提前发现问题并做好预防措施者得5分 能发现问题并提出解决办法者得3分 能发现问题但束手无策者得1分	X12
工作态度	纪律性	5	5%	遵守规章制度，严于律己，为全体员工树立榜样者得5分 遵守规章制度，品行端正者得3分 偶尔存在违纪行为者得1分	X13
	主动性	5		工作非常积极，总能主动完成工作者得5分 工作比较积极，只是偶尔拖延者得3分 工作不算积极，被上级督促才能完成工作者得1分	X14
计算公式	考核得分＝（X1+X2）×30%+……+（X13+X14）×5%			考核得分	

考核对象	考核人	复核人
签字：　日期：	签字：　日期：	签字：　日期：

四、财务目标绩效考核量化表

财务目标绩效考核量化表主要包括费用控制、资产收益及投融资管理、财务资料管理、部门培训管理、工作满意度管理、工作能力、工作态度七个考核项目。具体考核内容与各项的分值、权重、考核量化标准如下：

考核对象		考核人			考核日期	
考核项目	考核指标	分值	权重	考核量化标准		得分
费用控制	费用预算达成率	10	25%	在考核期内，费用预算达成率达到___%		X1
	管理费用降低率	5		在考核期内，管理费用降低率达到___%		X2
资产收益及投融资管理	净资产收益率	10	25%	在考核期内，净资产收益率达到___%		X3
	投融资计划完成率	5		在考核期内，投融资计划完成率达到___%		X4
财务资料管理	财务处理及时率	10	15%	在考核期内，财务处理及时率达到___%		X5
	分析报告提交及时性	5		在考核期内，分析报告提交及时性达到___%		X6
	财务资料完整度	10		在考核期内，财务资料完整度达到___%		X7
部门培训管理	员工培训考核通过率	5	5%	在考核期内，员工培训考核通过率达到___%		X8
	部门培训计划完成率	5		在考核期内，部门培训计划完成率达到___%		X9
工作满意度管理	合作单位满意度	5	5%	在考核期内，合作单位工作满意度达到___%		X10

（续表）

考核项目	考核指标	分值	权重	考核量化标准	得分
工作能力	理财能力	5	15%	能根据公司要求编制财务预算及时率达到___%，且内容编排全面、合理性达到___%	X11
	分析能力	5		财务数据分析以及公司财务动态预测准确率达到___%	X12
	沟通能力	5		在成本控制、资产管理等方面与其他部门深入沟通，意见一致性达到100%	X13
	外部协调能力	5		与税务、审计、银行等部门沟通顺畅，力求实现问题解决率达到___%	X14
工作态度	爱岗敬业	5	10%	追求卓越，勇于进取，工作认真严谨，避免出现重大失误	X15
	守法自律	5		遵守国家法律和公司规章制度，品行端正，洁身自好	X16
计算公式	考核得分＝（X1+X2）×25%+……+（X15+X16）×10%			考核得分	
考核对象		考核人		复核人	
签字：	日期：	签字：	日期：	签字：	日期：

五、人力资源目标绩效考核量化表

人力资源目标绩效考核量化表主要包括财务指标、内部运营指标、学习与发展指标、客户指标四个考核项目。具体考核内容与各项的分值、权重、考核量化标准如下：

考核对象		考核人			考核日期	
考核项目	考核指标	分值	权重	考核量化标准		得分
财务指标	管理费用预算控制率	10	15%	在考核期内，管理费用预算控制率达到___%		X1
	招聘费用预算控制率	10		在考核期内，招聘费用预算控制率达到___%		X2
内部运营指标	人力资源管理流程改进达成率	15	40%	在考核期内，人力资源管理流程改进达成率达到___%		X3
	规划方案提交及时率	10		在考核期内，规划方案提交及时率达到___%		X4
	考核计划按时完成率	10		在考核期内，考核计划按时完成率达到___%		X5
	招聘计划完成率	10		在考核期内，招聘计划完成率达到___%		X6
学习与发展指标	核心员工流失率	10	30%	在考核期内，核心员工流失率低于___%		X7
	员工任职资格达标率	5		在考核期内，员工任职资格达标率达到___%		X8
	员工培训计划完成率	10		在考核期内，员工培训计划完成率达到___%		X9
客户指标	合作部门满意度	10	15%	在考核期内，合作部门满意度达到___%		X10
计算公式	考核得分＝（X1+X2）×15%+……+X10×15%				考核得分	

考核对象	考核人	复核人
签字：　　日期：	签字：　　日期：	签字：　　日期：

实施绩效考核的基本流程

要点提示

a. 组织应当成立一个绩效考核小组，统筹安排绩效管理事宜。

b. 主管应及时为员工提供绩效辅导，以提高对方的工作执行力。

c. 在进行绩效管理之前，管理者与员工应该在工作目标上达成一致。

绩效考核的结果主要分为未达到预期、达到预期、超出预期三个类型。未达到预期即未能达到组织要求的底线目标，达到预期即基本完成既定目标，超出预期即人们常说的超额完成任务。为了获得更准确的绩效考核结果，企业管理者应该对绩效管理的操作方法有所了解。

一、设计绩效考核的注意事项

管理者在设计绩效考核体系时，应该注意以下问题：

1. 绩效考核的三类内容

（1）目标项目完成度

目标项目的完成度指的是目标项目的实现程度，具体包括数量、质量、时限等内容。计算目标成果的评价标准的方法是，在原定目标值基础上加上新增加目标值，并扣除新减少目标值。

（2）工作进度的均衡性

工作进度的均衡性指的是组织管理系统按照预定计划实施后偏离目标进度的程度。计算公式如下：

目标进度均衡率=1−目标进度偏离程度

目标进度偏离程度=目标完成率−100%目标完成率

=实际完成的目标值／计划目标值

（3）执行者的协作情况

执行者的协作情况指的是组织管理系统内部各部门与个人之间为实现企业总目标而进行的沟通协作水平。

2. 实施的注意事项

我们在实施目标考核的过程中，应该注意以下五个事项：

（1）制订合理的考核标准

考核标准是管理者评价目标成果的基本依据。制订切合实际、科学合理的考核标准是做好绩效考核的前提。

（2）日常考核记录

日常考核记录是考核目标成果的基础资料，是针对各部门、各岗位的目标执行情况所做的文字记录。每个人都应该认真记录日常考核情况，通常以前面章节中提到的目标管理卡的形式来记录。

（3）加强绩效管理

企业通常会选择作风正派、坚持原则、使众人信服的人来组成绩效考核小组，加强对绩效管理的领导工作。

（4）运用多种考核方法

每一种绩效考核方法都有其优缺点。为此，绩效考核小组应该灵活运用多种考核方法，把上级评价、本级评价、个人评价与组织评价结合起来。

（5）及时奖惩考核对象

管理者在公布目标考核结果后，必须马上根据考核情况来实施奖惩，务求做到信赏必罚。奖惩不及时的话，目标考核就失去了权威性，目标管理也就未发挥其作用。

二、绩效考核的操作流程

为了加强绩效考核的权威性、公平性、透明性和实用性，企业应当遵循以下操作流程来进行绩效管理。

1. 组建绩效考核小组

这是绩效管理的第一步。绩效考核小组的职能如下：

◆负责设计考核标准的方案与修改建议。

◆根据实际情况对各个考核项目的完成情况进行评估打分。

◆处理绩效考核过程中产生的各种纠纷。

绩效考核小组应该由不同职能部门的代表共同组成，以确保考核的全面性和客观性。

2. 制定绩效目标

根据企业总目标、部门目标和岗位目标来制定绩效目标，并从个人工作计划中提取关键业绩指标。绩效考核小组在制定绩效目标时，应该多听取一线员工的意见，让他们共同参与目标的制定工作。

3. 确定考核标准

制订目标完成率、目标进度偏离程度、目标进度均衡率等量化指标。根据目标的性质、实施条件、影响因素来评估目标执行难度。评估执行者采用的手段是否具有合理性、经济性和创新性。对考核对象的工作态度进行对比分析。

4. 绩效辅导

绩效辅导指的是通过持续不断的绩效沟通和数据统计来掌握目标执行进度，向上汇报工作进展情况，对下及时纠正员工的工作偏差。这是绩效考核流程中最关键也最费时费力的环节。

5. 考核评估

绩效考核小组首先审核员工相关工作记录和统计数据是否真实、客观、完整，在确认无误后依照考核标准来评估该员工的综合表现。注意使用多种考核评估方法，确保考核评估能准确反映考核对象的实际工作情况。

6. 反馈考核结果

绩效考核小组把考核结果告知被考核的员工，双方进行面谈沟通。员工可以提出异议，绩效考核小组可以根据合理的意见来修正考核结果。反馈考核结果的最终目的是让考核对象知道自己在下一阶段的工作中应该注意的问题和改进方案。

绩效管理的九个常见误区

要点提示

a. 不要把绩效管理等同于“考核+打分+发奖金”。

b. 绩效反馈很重要，不要等问题彻底暴露后才反馈，而应该经常整理反馈意见。

c. 要围绕目标来进行绩效管理，不要迷失于细枝末节。

没有出色的绩效管理，目标管理是不可能到位的。执行者需要公平合理的奖惩措施来激励自己完成目标，否则很容易泄气，提不起干劲去工作。企业一旦在绩效管理环节出了岔子，员工就算不公开拒绝执行目标，也会拖延执行任务。为此，我们必须注意避免以下九个在绩效管理中常见的误区：

一、生搬硬套一刀切

每个公司的生命周期、行业类型、员工关系等因素存在较大的差异，而且同一公司的各部门、各岗位的工作要求也大相径庭。这意味着管理者在进行绩效管理时，要尊重各种客观差异，不能执行单一的绩效考核方案。

二、绩效管理和战略目标脱节

相当一部分企业管理者只是满足于完成绩效管理的具体任务，而不去思考绩效考核对工作的导向作用。他们在制订绩效管理制度时未将其与企业的战略目标结合在一起。有些员工推动了企业实现战略目标，但其贡献未能体现在现有的绩效考核体系当中。这是一种很不合理的现象。

三、盲目扩大考核者范围

绩效管理不需要太多操作者，那样会导致考核成本过于高昂。我们必然会选择部分人担任考核者，而把另一些人排除在外。这难免会让一些员工感到心里不平衡。有的管理者为了照顾部分员工的情绪而盲目扩大考核者的范围，让那些不熟悉考核对象的人都参与评价，这只会让考核结果失去客观性和准确性。

四、只看个人绩效，忽视组织绩效

目标管理法要求把目标责任落实到具体的人身上，但个人目标只是组织目标的一部分。员工的个人绩效固然重要，但对部门绩效和企业总体绩效的管理也不能忽视。三者应该结合在一起来看。如果员工个人绩效出色而组织绩效糟糕，目标管理依然是失败的。

五、慈悲效应

绩效管理人员在评价他人时，可能存在对他人的正面评价超过负面评价的倾向，这就是慈悲效应。慈悲效应对一个人的整体评价有较大影响。我们应该注意防范慈悲效应给考核对象带来虚高的评价，为目标管理埋下难以预料的风险。

六、指标设置过多

考核指标的设置数量应该适当，太少了不足以全面反映目标执行者的综合表现，太多了反而不利于实现目标。有些管理者认为“细节决定成败”，于是把考核指标设计得非常细，任何细枝末节都纳入绩效管理体系中。目标执行者光是应付琐碎的考核指标就耗尽了绝大部分精力，哪还有力气去完成主要目标呢？

七、考核要素雷同

不同岗位、不同级别的考核对象，需要不同的考核要素与考核周期。而高层管理者与普通员工的工作内容差异很大，考核要素必然要体现这些区别。否则，我们很容易按照高层管理者的标准来向普通员工提过分苛刻的要求，或者低估高层管理者的实际贡献。

八、考核过于频繁

在目标管理法中有月目标和周目标的概念，但不是所有岗位的目标任务都应该按月或周来考核的。我们应该按照工作的复杂程度和平均完成时间来合理安排考核周期。过于频繁的考核，不仅增加了绩效管理人员的任务量，还让考核对象疲于应付考核，而无法专注完成主要目标。

九、忽视绩效反馈

绩效反馈是绩效管理中至关重要的一环。管理者在跟踪监督日常工作进度时，应该及时向目标执行者反馈工作中存在的问题，与其商量出一个解决的办法。绩效管理的最终目的是改善目标执行过程中的不足之处。只有向执行者及时了解反馈后的情况，才能在小问题变成大问题之前将其解决。保持良好的沟通并及时反馈，是目标管理法中不可缺少的工作技巧。

第七章
评估目标落实效果，奖惩以公平为本

员工的工作动力可以来自价值观和理想，但更多来自物质奖励与处罚压力。物质奖励在前牵引，处罚压力在后鞭策，员工为了领取奖励和避免处罚而卖力干活。管理者应当设置系统的评价标准，对各个部门及岗位上的员工表现做出客观公正的评价，并给予合理的奖惩。我们应该按照优秀的标准来检查工作的各个关键节点，以保证大家能按要求完成任务。除了奖励奋斗者和淘汰不能胜任的人之外，评估结果的另一个意义是修正目标，以免让组织把精力和资源浪费在已经失去意义的目标上。

设置各部门的及格线与优秀标准

要点提示

a. 目标完成率在95%以上的人，才有资格被评为优秀工作者。

b. 及格线应该设在大多数员工都能做到的水平，过高或过低都会妨碍目标管理。

c. 在制订及格线和优秀标准后，应该根据工作需要来写清注意事项。

每个部门都应该设置自己的及格线和优秀线。及格线的标准不能定得太高，只要达到了及格线的要求就是合格的员工。优秀线的标准则应该设置得高一些，选拔出部门的先进工作标兵，给予优厚的奖励，以鼓励其他员工积极上进。以下是各个部门的及格线和优秀线的评估标准：

一、销售部门的及格线和优秀标准

我们在制订销售部门的评估标准时应该注意，评估打分一定要把绩效考核数据和面谈结合在一起。因为销售过程中有很多具体的工作细节无法通过数据反映出来，而这些东西恰恰是目标管理法所关注的。以下是销售部门评选及格员工和优秀员工的达标条件：

1. 考核项目

（1）销售决策

（2）销售计划

（3）销售流程

（4）销售利润管理

（5）品牌管理

2. 考核指标

（1）销售决策准确率

（2）销售计划完成率

（3）销售合同计划完成率

（4）销售额

（5）销售货款回收率

（6）市场分析准确率

（7）客户满意度

3. 考核方法

（1）分项计分法

（2）逐月评分累计法

（3）名次排列法

4. 及格员工的达标条件

（1）销售决策偶尔符合市场规律，决策准确率达到75%（含）以上。

（2）销售计划扎实可行，能比较合理地利用各种资源，计划完成率达到75%（含）以上。

（3）销售合同计划完成率和销售货款回收率达到75%（含）以上。

（4）完成了预期销售额的70%（含）以上。

（5）产品市场分析准确率和客户满意度达到75%（含）以上。

5. 优秀员工的达标条件

（1）销售决策符合市场规律，决策准确率达到95%（含）以上。

（2）销售计划扎实可行，能够打开产品销量，高效利用各种资源，计划完成率达到95%（含）以上。

（3）在接待客户和商务谈判时表现优异，销售合同计划完成率和销售货款回收率达到95%（含）以上。

（4）完成了预期销售额的90%（含）以上。

（5）产品市场分析准确率和客户满意度达到95%（含）以上。

二、生产部门的及格线和优秀标准

生产目标的实现需要科学合理的目标计划进行支持。假如目标本身超出了生产部门的能力范围，就无法给出客观的评估结论。以下是生产部门评选及格员工和优秀员工的达标条件：

1. 考核项目

（1）生产计划管理

（2）产品生产管理

（3）物料采购成本控制

（4）仓储管理

（5）生产质量管理

（6）生产安全管理

（7）设备管理

2. 考核指标

（1）生产计划完成率

（2）物料采购成本

（3）材料入库核对准确率

（4）产品合格率

（5）生产设备完好率

（6）生产安全事故发生次数

3. 考核方法

（1）以结果考核为主，辅以行为考核。

（2）以外部评价为主，辅以内部评价。

（3）以价值评价为主，辅以产出评估。

4. 及格员工的达标条件

（1）公司年度生产计划完成率达到80%（含）以上，物料采购费用能控制在总成本的5%以内。

（2）确保仓储管理正常运行，原辅材料及零件的入库核对准确率达到80%（含）以上。

（3）遵守生产工艺规程，生产质量事故低于3次，半成品和产品的质量合格率达到75%（含）以上。

（4）公司生产设备完好率达到80%（含）以上。

（5）公司生产安全事故少于2次。

5. 优秀员工的达标条件

（1）公司年度生产计划完成率达到95%（含）以上，物料采购费用能控制在总成本的3%以内。

（2）确保仓储管理正常运行，原辅材料及零件的入库核对准确率达到100%。

（3）严格遵守生产工艺规程，无生产质量事故发生，半成品和产品的质量合格率达到95%（含）以上。

（4）勤于保养公司生产设备，设备完好率达到95%（含）以上。

（5）严格遵守安全生产规范，无生产安全事故发生。

三、采购部门的及格线和优秀标准

设置采购部门的评估标准时，应该综合考虑公司的资源条件、员工的业务水平和采购管理体系的完善程度。控制采购成本固然是一个重要目标，但绝不能妨碍公司其他目标的实现。以下是采购部门评选及格员工和优秀员工的达标条件：

1. 考核项目

（1）采购计划

（2）预算管理

（3）供应商管理

（4）采购价格管理

（5）采购质量管控

（6）采购成本控制

2. 考核指标

（1）采购计划落实率

（2）采购预算编制及时率

（3）核心供应商保有率

（4）重要物资低价确定率

（5）设备采购合格率

3. 考核方法

人力资源部组织实施考核，其他相关部门积极配合。设定目标不能太杂乱，不能相互冲突，更不能考核不具备执行条件的项目。

4. 及格员工的达标条件

（1）监督采购计划执行过程，确保采购计划落实率达到80%。

（2）按照采购计划和预算情况来制定采购预算，采购预算编制及时率达到80%。

（3）有效管理和维护供应商，每个季度新增的合格供应商数量不少于5家，核心供应商保有率达到75%。

（4）通过成本分析等低价定价法来保证重要物资低价确定率达到80%（含）以上。

（5）确保各类原料的合格率达到80%（含）以上，设备采购合格率达到80%。

（6）合理控制采购价格，物资采购价格超出底价最多2次。

5. 优秀员工的达标条件

（1）监督采购计划执行过程，确保采购计划落实率达到100%。

（2）按照采购计划和预算情况来制定采购预算，采购预算编制及时率达到100%。

（3）有效管理和维护供应商，每个季度新增的合格供应商数量不少于15家，核心供应商保有率达到95%（含）以上。

（4）通过成本分析等低价定价法来保证重要物资低价确定率达到95%（含）以上。

（5）确保各类原料的合格率达到95%（含）以上，设备采购合格率达到100%。

（6）合理控制采购价格，物资采购价格超出底价0次。

四、财务部门的及格线和优秀标准

以下是财务部门评选及格员工和优秀员工的达标条件：

1. 考核项目

（1）财务制度管理

（2）财务收支计划

（3）成本分析管理

（4）呆坏账管理

（5）资金使用管理

（6）账目管理

2. 考核指标

（1）制度制订及时率

（2）财务预算达成率

（3）成本分析准确率

（4）呆坏账处理及时率

（5）资金使用目标达成率

（6）结账对账工作准确率

3. 考核方法

把定量考核与定性考核结合在一起，由其他相关部门负责人根据目标考核标准来评估考核对象的表现。

4. 及格员工的达标条件

（1）制订财务考核办法及管理措施，财务制度制订和修改的及时率达到75%（含）以上。

（2）制订公司的年度、季度、月度财务收支计划，财务预算达成率达到75%（含）以上。

（3）及时做好成本分析，成本分析的准确率达到75%（含）以上。

（4）监督和处理各种呆坏账，呆坏账处理及时率达到75%（含）以上。

（5）适时调拨公司内部资金，资金使用目标达成率达到75%（含）以上。

（6）结账和对账工作的准确率达到75%（含）以上。

5. 优秀员工的达标条件

（1）制订财务考核办法及管理措施，财务制度制订和修改的及时率达到95%（含）以上。

（2）制订公司的年度、季度、月度财务收支计划，财务预算达成率达到95%（含）以上。

（3）及时做好成本分析，成本分析的准确率达到95%（含）以上。

（4）监督和处理各种呆坏账，呆坏账处理及时率达到95%（含）以上。

（5）适时调拨公司内部资金，资金使用目标达成率达到95%（含）以上。

（6）结账和对账工作的准确率达到95%（含）以上。

五、人力资源部门的及格线和优秀标准

以下是人力资源部门评选及格员工和优秀员工的达标条件：

1. 考核项目

（1）制度建设与管理

（2）人力资源规划

（3）招聘管理

（4）培训管理

（5）薪酬管理

（6）劳动关系管理

2. 考核指标

（1）人力资源制度修改及时率

（2）人力资源计划报告上交及时率

（3）员工招聘计划完成率

（4）培训计划完成率

（5）薪酬总量预算安排达成率

（6）合同变动及时率

3. 考核方法

（1）目标绩效考核法

（2）等级评估法

（3）全视角考核法

（4）重要时间法

4. 及格员工的达标条件

（1）根据公司的发展需要修改人力资源管理制度，制度修改及时率达到75%（含）以上。

（2）拟定公司人力资源计划报告，报告上交及时率达到75%（含）以上。

（3）根据公司需要来分析各部门对员工的需求状况，员工招聘计划完成率达到75%（含）以上。

（4）编制公司年度培训计划，培训计划完成率达到75%（含）以上。

（5）薪酬总量预算安排达成率达到75%（含）以上。

（6）员工劳动合同签订、变更、续订和终止的及时率达到75%（含）以上。

5. 优秀员工的达标条件

（1）根据公司发展需要来修改人力资源管理制度，制度修改及时率达到95%（含）以上。

（2）拟定公司人力资源计划报告，报告上交及时率达到95%（含）以上。

（3）根据公司需要来分析各部门对员工的需求状况，员工招聘计划完成率达到95%（含）以上。

（4）编制公司年度培训计划，培训计划完成率达到95%（含）以上。

（5）薪酬总量预算安排达成率达到95%（含）以上。

（6）员工劳动合同签订、变更、续订和终止的及时率达到95%（含）以上。

公平、公正地评价每个团队成员的表现

要点提示

a．管理者对每个团队成员的表现进行评价时，应该尽量减少私人情感的影响，力求公平和公正。

b．管理者应当经常肯定每个成员对团队目标做出的贡献。

c．管理者在考核时，不要因为某些员工犯过错误就否定他们的所有成绩。

在评估目标落实效果的环节中，管理者最难做到的就是公平和公正。一个组织中有形形色色的人，考评表现好的人说不定是你最讨厌的人，考评表现差的人说不定是你最喜欢的人。掌握着奖罚权利的管理者，如果不能在工作中减少私人感情因素的影响，就可能对员工做出不公正的评价。当员工感到不公平时，团队的内部关系就会产生裂痕，不利于进行目标管理。

一、让员工感到不公平的十种常见错误

对于员工而言，奖惩机制最能体现组织是否公平。从理论上说，奖励应该能提高员工的士气，让他们更加努力地工作，提高企业的运营效率。但是，不恰当的奖励会起到反效果，挫伤员工的积极性。这种情况值得管理者警惕。具体而言，我们在奖励员工时必须避免以下十种错误：

◆嘴上说考评要重实效，实际上奖励的是那些表面上看起来最忙但效率低下的人。

◆要求高水准的工作品质，却没有根据实际情况来为员工设置合理的目标期限，导致员工未能充分发挥真实水平。

◆号召大家思考从本质上解决问题的方法，但实际上奖励的是那些治标不治本的人。

◆要求员工对公司保持忠诚，却没有善待员工，为其提供应有的保障，最优秀、最忠诚的人并未得到最高的薪资待遇。

◆要求员工把目标简化，却奖励那些把目标搞得更加复杂的人。

◆对真正的实干型员工不闻不问，却奖励那些只会抱怨和提意见而没有实质行动的人。

◆要求员工发扬个性，却处罚那些敢于特立独行的人。

◆号召员工勤俭节约，却把资源投给那些花光预算的人。

◆呼吁大家培养团队合作精神，却为了奖励团队中的某个人而牺牲其他团队成员的正当权益。

◆嘴上说要建立创新型组织，却对那些敢于创新的失败者大加挞伐，而厚待那些墨守成规的人。

上述十种常见的不公平现象，在无数失败团队中屡屡发生，堪称血的教训。目标管理法容不下这些错误的奖惩评估方式，我们必须坚持以公平、公正的原则对待所有的员工。

二、怎样公平、公正地评价员工的表现

想要做到公平公正，管理者应该先了解任务评估的六个要素，再根据三个注意事项来评价员工的表现。

1．任务评估六要素

（1）评估目的

通过任务评估发现员工的潜在问题，促使他们认真积极地完成工作目标，不断提高自己的业务水平。

（2）评估人员

任务评估人员通常由目标执行者本人、执行者的直接上级主管、绩效考核小组共同组成。目标执行者负责进行自我评估，最后的评估结果由执行者及其直接上级沟通决定，并提交公司绩效考核小组审核。

（3）评估时间

任务评估时间通常是在任务执行评估完成后立即执行。

（4）评估内容

对照目标执行的实际情况与评价标准，评出分数级别，针对下一个目标任务制订评价标准，确定薪酬调整及奖励方案。

（5）评估方法

主要采用自我报告法，即员工通过填写任务执行鉴定表来总结自己的工作表现。

任务执行鉴定表模板

姓名		部门		现任岗位	
任务内容					
任务执行目标					
目标完成情况					
目标完成或没有完成的原因					
任务完成贡献					

（6）评估标准

任务评估标准是由绝对标准和相对标准共同组成的。绝对标准指的是不进行员工之间的比较，只是通过任务结果标准来评估员工的表现是否达标。相对标准则是通过比较不同员工的任务结果来评判工作质量的好坏。

2. 评价员工的三个注意事项

在评价员工表现的过程中，我们应该注意以下三个事项：

（1）奖优罚劣，言必信行必果

奖优罚劣原则无人不知无人不晓。但某些管理者不想得罪人，对表现差的人舍不得重罚，同时为了拉平衡而削减对表现优异者的奖赏。这种做法让奋斗者寒心，让混日子的人拍手称快。大家都知道管理者的奖罚标准，言而无信，自然也就失去了执行力。

（2）多肯定员工的贡献

严格要求员工只是目标管理法的一面。与此同时，我们还要多肯定员工的贡献。肯定的方式可以是物质激励，也可以是精神激励。无论何种手段，务求让员工感受到组织的尊重与重视，激活他们的感恩之心。

（3）不要因为曾经的错误否定员工所有的成绩

人无完人，谁都有犯错的时候。越是努力干事的人，越容易出现错误。只要不是违法乱纪、伤天害理的原则问题，我们都应该宽容员工的错误。尤其不能老盯着他们的错误不放，否定他们创造的成绩，否定他们发奋的决心和努力。这样才算是公平公正、一视同仁，才能最大限度地赢得人心。

达不到底线目标的团队，人人有责

要点提示

a. 团队中的每一位成员都必须完成自己的底线目标。

b. 功劳属于团队，责任也应当由团队成员共同承担，包括团队领导者。

c. 团队达不到底线目标，团队领导者要担负更多的责任。

底线目标是一家企业的生死线。一旦没有达到这个最基础的目标，企业就会陷入危机。我们在追求高远目标的同时，绝不能忽视底线目标。在企业发展遭遇重大挫折时，守住底线目标就保住了组织东山再起的希望。那些连底线目标都达不到的团队，非但没有创造价值，反而给企业带来了沉重的负担。目标管理法要求管理层对这类团队严惩不贷。

一、常用的部门底线目标

以下是销售部门、生产部门、采购部门、财务部门、人力资源部门常用的底线目标，是各部门必须守住的最后界限。

1. 销售部门

序号	底线目标
1	销售决策符合市场规律，决策准确率达到70%
2	销售计划扎实可行，能比较合理地利用各种资源，计划完成率达到70%
3	销售合同计划完成率和销售货款回收率达到75%（含）以上
4	完成预期销售额的70%（含）以上
5	产品市场分析准确率和客户满意度达到75%（含）以上

2. 生产部门

序号	底线目标
1	公司年度生产计划完成率达到80%（含）以上，物料采购费用能控制在总成本的5%以内
2	确保仓储管理正常运行，原辅材料及零件的入库核对准确率达到80%（含）以上
3	遵守生产工艺规程，生产质量事故最多3次，半成品和产品的质量合格率达到75%（含）以上
4	公司生产设备完好率达到80%（含）以上
5	公司生产安全事故最多2次

3. 采购部门

序号	底线目标
1	监督采购计划执行过程，确保采购计划落实率达到80%
2	按照采购计划和预算情况来制定采购预算，采购预算编制及时率达到80%
3	有效管理和维护供应商，每个季度新增的合格供应商数量不少于5家，核心供应商保有率达到75%
4	通过成本分析等低价定价法来保证重要物资低价确定率达到80%（含）以上
5	确保各类原料的合格率达到80%，设备采购合格率达到80%
6	合理控制采购价格，物资采购价格最多超出底价2次

4. 财务部门

序号	底线目标
1	制订财务考核办法及管理措施，财务制度制订和修改的及时率达到75%（含）以上
2	制订公司的年度、季度、月度财务收支计划，财务预算达成率达到75%（含）以上
3	根据公司的实际需要，及时做好成本分析，成本分析的准确率达到75%（含）以上
4	监督和处理各种呆坏账，呆坏账处理及时率达到75%（含）以上
5	适时调拨公司内部资金，资金使用目标达成率达到75%（含）以上
6	结账和对账工作的准确率达到75%（含）以上

5. 人力资源部门

序号	底线目标
1	根据公司发展需要来修改人力资源管理制度，制度修改及时率达到75%（含）以上
2	拟定公司人力资源计划报告，报告上交及时率达到75%（含）以上
3	根据公司需求来分析各部门对员工的需求状况，员工招聘计划完成率达到75%（含）以上
4	编制公司年度培训计划，培训计划完成率达到75%（含）以上
5	薪酬总量预算安排达成率达到75%（含）以上
6	员工劳动合同签订、变更、续订和终止的及时率达到75%（含）以上

二、团队目标管理的奖惩原则

达不到底线目标的部门团队，应该按照绩效管理标准进行处罚。不过，在目标管理法中，团队的成绩是属于全体成员的，必须一并奖励，不能只奖励团队主管。与此同时，团队完不成目标的责任也应该由集体承担，不能只把责任推给基层员工。

团队主管是团队目标的责任人，权利越大，责任越大。因此，当团队任务失败时，团队主管应该担负首要责任，受到比普通团队成员更加严厉的处罚。

这种奖惩机制体现了权责对等原则，让团队全体成员真正成为一个利益共同体。每个人的表现好坏，都决定着团队其他人的绩效评估结果。大家只有在团结一致的情况下，才能完成指标，否则连底线目标都达不到。

按实际贡献大小奖励，不亏待任何奋斗者

要点提示

a. 目标管理法要求按实际贡献大小来肯定每个奋斗者的成绩，不管他的职务是高是低。

b. 按实际贡献大小进行奖励，实际上就是在强调每个员工对企业的价值大小。

c. 对于那些贡献突出的奋斗者，管理者应该提拔重用他们。

企业在设计薪酬制度的时候，会考虑很多因素。比如，劳动者的学历、综合素质、业绩、职位、资历等。我国最基本的分配原则是按劳分配。以理论上来说，合理的薪酬制度应该遵循这个原则，多劳多得，少劳少得，不劳不得。但在实践中，这往往是一种理想状态。不少公司的薪酬制度只是按职位高低来分档，部分高层管理者人浮于事也照样多拿多占，而普通员工为公司创造再多价值也得不到相应的奖励，升不了职。这种怪象导致那些企业运营效率极其低下。

目标管理法反对这种不合理的激励机制，应严格贯彻按劳分配原则，

按照每个人的实际贡献大小进行奖励，绝不亏待任何一位奋斗者。

一、按实际贡献奖励的意义

员工对企业的价值大小，主要表现在实际贡献上。有的人负责企业的大项目，有的人负责小项目。毫无疑问，前者获得的资源和权限远高于后者。但是，假如大项目赚的钱没有小项目赚得多，谁为企业创造的价值更大呢？当然是小项目的负责人。他用更少的成本为企业带来了更多的效益，实际贡献相当可观。试问，管理者若是以该人职位不高、项目规模小为由而只给较少的奖励，员工们会服气吗？

比照按劳分配原则，无论员工的职位高不高、资历老不老，都应该按实际贡献大小来奖励他们。这样才是合理的报酬体系，才能真正让有能力且忠于组织的优秀人才脱颖而出。管理者如果不能地重用这些员工，就会造成人才流失的恶果。

二、避免绩效评估产生争议的办法

道理好说，事情不好做。优秀的人才因为功劳巨大而得到丰厚的奖励，难免会招人妒忌，引发一些争议。此外，管理层有时候可能因工作不到位而忽略其他有功之臣，引发众人的不满。所以，只是以公平公正之心来进行绩效评估还不够，还得从制度上避免绩效评估产生争议。目标管理法对此设置了三道防线：

1. 考核前进行培训

大部分企业都缺乏在考核前组织培训的意识。其实，考核前的培训对绩效评估有着至关重要的意义。考核参与者只有在经过培训后，才能完全了解考核体系中各项指标的意义，按照规范的流程和操作要求来进行考核评估工作。这有助于减少常见的考核误区。

2. 面谈伴随着考核始终

绩效面谈在绩效评估过程中占据了举足轻重的地位。没有绩效面谈，绩效评估结果就不能有效反馈给考核对象，通过绩效评估来改善考核对象工作方式的目标就无法达成。为此，绩效面谈应该贯穿于整个考核过程中。考核参与者还需要注意，在进行绩效面谈的时候，一定要忘记职务高低的差异，以平等的立场与考核对象进行沟通。多倾听，不打岔，鼓励考核对象积极发言，大胆说实话。而且面谈的着眼点应该是未来发展，而不是追究旧账。

3. 完善考核申诉机制

建立考核申诉机制，有助于确保绩效管理的公平性，也利于提高员工的满意度和忠诚度。当员工对绩效评估结果有异议时，应当允许他们按照考核申诉流程进行申诉。申诉的范围和要求应该给出明确规定，原则上不允许越级申诉。组织还应该对员工的申诉内容进行保密，维护其正当的合法权益。处理纠纷除了公平、公正外，还要遵循及时原则，规定解决问题的期限，这样才能让奋斗者相信组织，相信规则制度和目标管理的权威性。

做好阶段性总结，找出改进重点

要点提示

a. 当团队达成每个阶段目标时，管理者应当立即总结经验教训。

b. 当员工们彼此交流经验和成果时，自己对目标的贡献就能被大家充分了解。

c. 分析评估阶段目标完成结果的目的是改进目标管理流程。

我们在前面讲述了各种把大目标分解成小目标的方法，这样做的好处不只是为了让目标任务变得更有可操作性，也便于管理者及时总结每个阶段的目标完成情况。对于目标管理法而言，阶段性总结是非常必要的。在执行过程中存在偏离既定目标的风险。一味地闷头苦干而不抬头看路，很容易白白浪费时间、金钱和资源。通过阶段性总结，我们可以尽可能地控制执行过程中存在的弊端，将其负面影响降至最低。

根据以往经验，我们不应该等到完成手头上所有的任务后再进行总结。因为，每当一个阶段性目标完成后，下一个阶段性目标就会接踵而至。你不及时总结本阶段工作的经验教训，注意力很快就会被新任务吸引。随着时间的推移，你会忘掉上一阶段的感想，不会自动想起那些值得警惕的经验教训，直到再犯一次同样的错误为止。

阶段性总结并不会占用我们太多时间。恰恰相反，它会帮我们节省时间。由于缺乏经验和成果交流，很多人在做事时并没有得到及时而准确的反馈意见，不知道该不该修正当前的工作细节。各行其是的结果往往是各环节衔接不到位，可能导致返工或扯皮。因此浪费的时间，远远多于通过阶段性总结来修正目标计划的时间。

接下来，我们将根据企业不同部门的目标考核情况来梳理改进工作的重点。

一、企业销售目标改进方案表模板

一、改进方案制订的目的 分析公司销售目标考核结果的统计报告，针对公司销售现状来解决存在的问题，并为下一个考核周期的绩效考核方案提供参考依据。 二、当前存在的问题 1. 销售部岗位的职责不明、责任不清。 2. 销售提成分配不合理，销售员缺乏工作积极性。 3. 工作效率不高，占用资源过多，阻碍公司发展。 4. 新产品缺乏配套的销售策略及方案，还是按照卖旧产品的办法来销售，效果不佳。 三、改进措施 1. 完善销售员的绩效考核指标 不少企业存在的主要问题是指标设置过多。指标泛滥会导致销售员疲于完成指标，只见树木不见森林。这将导致销售员的目光越来越短浅，做事越来越急功近利。更重要的是，过多的绩效考核指标既不能提高工作效率，又增加了管理成本。我们应该选择关键指标作为考核重点，把其他指标视为关注指标，让销售员有更多精力去学习新的销售手段。

（续表）

2. 制订明确的销售部门岗位说明书 销售部门岗位说明书应该明确描述各岗位的工作性质、岗位职责、权限、工作任务和工作环境等内容。如此一来，销售部员工就能清楚地知道自己该做什么、不该做什么，而决策层领导和人力资源部也能了解到公司究竟需要什么样的销售人才。 3. 完善薪酬体系 我们在制订薪酬体系时要注意，销售员的工作方式富有灵活性，工作时间的弹性极大，不容易实现全程监督。销售工作充满挑战性和风险性，薪酬应该有足够的激励效果。我们应该根据市场行情调查结果来设计销售员的薪酬体系，让基本工资、绩效工资的比例更加合理。 4. 加强销售技能培训 针对销售员的工作拖拉、心态消极、能力不足、效率低下等现象来制订培训计划。可以定期或不定期地展开销售培训讲座、销售技能大赛等培训活动。不光要提高销售员的销售能力和沟通能力，还要让他们学会心态管理、目标管理、时间管理，促使其综合素质得到比较全面的发展。

二、企业生产目标改进方案表模板

一、改进方案制订的目的 分析公司生产目标考核结果的统计报告，针对公司生产现状来解决存在的问题，并为下一个考核周期的绩效考核方案提供参考依据。 二、当前存在的问题 1. 生产目标模糊，生产流程不规范。 2. 管理方式简单粗暴，分工和定额不合理。 3. 缺乏合理的激励机制，只是一味地下达生产任务。 三、改进措施 1. 生产作业标准化 根据上一阶段的生产目标考核结果来找出当前生产过程中的薄弱环节。结合公司的其他标准来完善生产中的程序标准、动作标准、方法标准、时间标准、材料标准、环境标准等，实现生产作业的标准化。制订标准之后应该反复测试，确保生产作业标准的合理性与可行性。

（续表）

2. 优化分工和定额管理 根据每个员工的能力大小来安排合适的岗位，提高分工协作的效率。在安排作业时应该注意均衡分配，避免各岗位的任务量过重或过轻，避免生产过程中遭遇瓶颈。通过定额管理来有效控制作业工时与物料使用，减少不必要的浪费。 3. 完善激励机制 以多劳多得、奖勤罚懒、奖优罚劣为指导思想，健全绩效评价体系，把考核结果与薪酬分配、员工晋升、中长期激励挂钩。根据生产数量来设定奖项，根据生产质量来确定处罚标准，发放超量提成奖，调动生产人员的工作积极性。注意改善员工的生活环境和工作环境，物质激励和情感激励并举。 4. 加强生产技能培训 根据上一阶段的考核结果和绩效面谈情况来部署下一阶段的生产部门培训计划。对生产人员的操作技术和设备保养技能进行严格培训，以免因员工操作不当或保养不利而造成设备故障或产品不合格现象。加强生产安全教育，避免出现生产安全事故、人身伤害和公司财产损失。

三、企业采购目标改进方案表模板

一、改进方案制订的目的 分析公司采购目标考核结果的统计报告，针对公司采购现状来解决存在的问题，并为下一个考核周期的绩效考核方案提供参考依据。 二、当前存在的问题 1. 采购部门缺乏有效的沟通机制。 2. 公司对采购环节缺乏有效的监督制衡机制。 3. 对供应商的管理存在漏洞。 三、改进措施 1. 制订采购改进计划 根据上一阶段的采购目标考核情况填写采购问题改善分析表。指定相关责任人来拟定采购改进目标和改进计划，针对采购环节存在的不足进行整顿。采购改进计划应该安排合适的人选来执行各个重要节点。各执行人要及时跟上级汇报、沟通，减少计划执行过程中的风险。

（续表）

2. 加强采购团队建设 通过内部培训与外部培训相结合的方式来提高采购人员的业务素质，职业意识和业务能力都要强化。适当开展内部评比活动，注意遵循“多奖少罚”原则，以激励员工积极性为主，指出员工的不足时要讲究方式方法。严格执行采购纪律，但要给采购人员一个融洽的工作环境。 3. 加强对供应商的管理 根据供应商的业绩表现，淘汰交货不及时、货物质量不稳定、回款不及时、日常管理粗糙的供应商，确保公司营销渠道能高效运转。加强与供应商的大数据合作，双方共享市场情报，协商出一个合理的采购政策。采购部门要注意监督供应商是否如约完成目标。 4. 改进采购质量 按照不合格数与总来料数的比例评估各家供应商的表现。责令表现最差的几位供应商在规定时间内改善来料质量。此外，采购部门还可以派出由技术人员、质量管理人员、采购人员组成的小组，帮助公司的主要供应商改进产品质量和管理水平，促成合作双赢的局面。

四、企业财务目标改进方案表模板

一、改进方案制订的目的 分析公司财务目标考核结果的统计报告，针对公司现状来解决存在的问题，并为下一个考核周期的绩效考核方案提供参考依据。 二、当前存在的问题 1. 资金不足，难以形成规模效应，增加了经营风险。 2. 财务工作流程不规范，日常管理存在漏洞。 3. 财务目标模糊，短期行为较多。 三、改进措施 1. 加强财务动态管理 在财务目标考核过程中，注意把短期性的财务指标和长期性的非财务指标结合起来考察，否则会引发各种短期行为。注意保持长期利益和短期利益的平衡，把可持续发展目标作为公司财务目标的选择依据。根据公司所能承受的财务压力来选择合适的发展模式与发展速度。

（续表）

2. 明确财务职能定位 公司财务部门应该将自己定位为公司价值和绩效的守夜人、公司的风险管理师、高效的交易处理专家、业务部门的合作伙伴等角色。公司的财务管理模式应该由侧重交易处理转变为侧重决策支持。提高财务环节的日常管理水平，为公司提供更多价值创造、绩效管理、成本控制等方面的支持。 3. 完善财务核心流程 在设计公司财务管理系统时应该确保公司战略方针与财务数据、业务流程的统一，促进财务和业务的集成，提高财务数据的准确性，提高走财务核心流程的效率。通过完善财务信息系统来改进公司各项管理措施，推动公司各项业务的发展。 4. 建立多元化财务目标 公司财务目标主要包括利润最大化、股东财富最大化、企业价值最大化、利益相关者收益最大化等类型。财务目标是一个围绕经济环境变化而变化的动态目标，应该从单一化目标转变为多元化目标。

五、企业人力资源目标改进方案表模板

一、改进方案制订的目的 分析公司人力资源目标考核结果的统计报告，针对公司人力资源现状来解决存在的问题，并为下一个考核周期的绩效考核方案提供参考依据。 二、当前存在的问题 1. 公司人力资源管理理念陈旧。 2. 缺乏长期的人力资源规划。 3. 员工培训机制不完善。 三、改进措施 1. 完善员工培训制度 制订年度培训计划，精心组织各部门员工轮流接受相关业务培训，管理层也要时常“充电”。注意不要让年度培训计划影响其他目标任务的实现，要坚持统筹兼顾原则与合理安排原则。推进培训教材和培训课程体系建设，充分利用社会资源（如第三方专业顾问公司、高校、研究机构等）来打造一支素质优良、结构合理、规模适中的培训师资队伍。

（续表）

2. 促进企业文化建设 坚持以人为本的原则，建设团结和睦、积极向上的企业文化。通过具有特色的企业文化来提高组织凝聚力，树立良好的工作氛围，及时解决员工的思想问题，努力振奋他们的士气。通过企业文化建设来增强员工的归属感和自豪感，使其以更高的热情投入工作当中。 3. 做好员工的职业生涯规划 在设计员工职业生涯规划前，必须做到了解公司的发展状况、员工的能力特点和个人意愿，找出组织发展目标与员工个人奋斗目标的契合点。通过制订员工的职业生涯规划来把员工个人事业发展纳入公司整体发展的战略设想当中。

第八章
OKR 工作法，风靡全球的目标管理利器

世界上使用目标管理法的企业越来越多。目标管理法也在不断完善，并演化出了OKR工作法。OKR工作法不仅继承了传统目标管理法的优点，还加入了“关键结果”要素，让企业的各项工作聚焦在最重要的方向上。为了用好OKR工作法，我们应该了解其基本原则、使用场景、实施流程、执行难点等方面的知识。管理者在应用OKR工作法时应当经常总结，找出执行过程中的不足之处，更高效地完成目标。

OKR工作法：目标+关键结果

要点提示

a．OKR的创始人是英特尔公司前CEO安迪·格鲁夫，OKR工作法最先流行于英特尔和谷歌两大公司。

b．OKR的目标是一种定性描述，用于确定组织所期望的前进方向。

c．OKR的关键结果是一种定量描述，用于衡量制定目标的完成率有多少。

OKR的全称是“Objectives and Key Results”，翻译过来就是目标和关键结果方法。其中，“Objectives”（简称O）即目标，是组织努力的方向，对应的是“想要做什么”的问题；“Key Results”（简称KR）指关键结果，是一种用来衡量目标达成情况的定量描述，对应的是“怎样确定自己是否达成了目标要求”的问题。从某种意义上说，OKR就是在传统的目标管理法中引入“关键结果”，进而演变为一种新式的目标管理工具。

一、OKR发展简史

随着时代的发展，传统的目标管理法开始出现一些弊病。1987～1998年担任英特尔CEO的安迪·格鲁夫决心改良目标管理法，使之更适合英特尔的发展需求。在他看来，一个成功的目标管理系统需要回答两个问题：

◆我要走向何方？（目标）

◆怎样确保自己正在走向那里？（关键结果）

通过这两个问题，安迪·格鲁夫发现，传统的目标管理设置了太多的目标，这分散了组织的精力。他认为，组织应该学会“聚焦”，只保留少数经过精心筛选的目标，并通过更频繁的目标设定节奏来提高组织快速响应外界变化的能力。安迪·格鲁夫的另一大创举是在OKR中倡导具有挑战性的目标设定机制，促使每个人努力超越自己的现有水平。

OKR很快成了英特尔的主要管理方法。曾经在英特尔供职的硅谷风险投资合伙人约翰·杜尔又把这种目标管理法推荐给了谷歌的创始人拉里·佩奇和谢尔盖·布林，此后OKR成为谷歌公司绩效管理的首选工具。

2013年，谷歌风投的合伙人瑞克·克劳在网上发布了一段将近一个小时的视频，向全球推广OKR。OKR由此开始走向全世界，领英、推特、星佳、明道等国内外企业都开始使用这个方法。

二、OKR工作法的六个关键要素

OKR工作法跟传统的目标管理法有不少区别。公司上下都可以设置OKR，但在没有形成统一认识的情况下，很容易扭曲这种工作法的本意。为了让每个人都能充分掌握OKR的内涵，我们必须牢记OKR的六个关键要素。

1. 严密的思维框架

OKR不是简单的跟踪目标执行进度的工具，而是一套促进你深入研究问题的严密的方法。当我们检查OKR的执行结果时，不能只看数据报告，而要从中发现问题，找出解决问题的突破口。安迪·格鲁夫呼吁大家在设置OKR时挑战自我，从过去没有注意到的地方闯出一条新路来，而不应满足于100%完成轻松的目标。

2. 严格的工作纪律

设定有挑战性的目标，会让执行者感到焦虑。为了避免光说不练，OKR制订了严格的工作纪律，要求每个人以季度或其他事先约定的周期来调整OKR，认真仔细地确认关键结果的达成情况。假如有必要的话，甚至要借助OKR来持续修正组织现行的发展战略和商业模式。在严格的纪律约束下持续执行目标，是OKR提升绩效的关键。

3. 确保团队密切协作

团队协作的重要性无须赘言。OKR工作法要求组织内部更加透明，让公司上下的每个人都能看到彼此的OKR及达成状况。信息的充分共享改变了传统的团队协作模式。团队不仅要在统一的目标下行动，还得根据每个人的工作进度来精确地调整力量。及时支援进度落后的同事，在关键时刻通过密切配合来实现技术攻关。整个组织团队的协同配合如同渔人撒网一样收放自如，把每一位成员的长处发挥得淋漓尽致。

4. 聚焦于最关键的目标

把OKR看成待完成的任务清单是个错误的做法。OKR的主要功能是识别关键业务目标，再以量化的关键结果来衡量目标完成率。目标管理并不是目标越多、越细越好，那会造成资源和精力的浪费，影响主要目标的达成。我们必须把注意力始终聚焦在最关键的目标上，利用持续发力来取得突破。

5. 做出可衡量的贡献

OKR中的KR（关键结果）是一种定量描述。OKR需要指出完成KR对完成业务究竟有多大的促进作用。所以，我们应该尽可能地精确描述KR，避免主观性，为组织做出可衡量的贡献。

6. 推动组织成长

判断OKR工作法应用是否成功的最终标准，依然是关键结果。我们通过观察设定目标所取得的实际成果，可以了解当前的目标管理是否真的推动了组织的成长。假如关键结果没有达成，或者达成了关键结果却未能实现目标，就说明我们的OKR设计不合理，需要及时修正。

实施OKR的基本流程

要点提示

a. OKR的基本流程包括四个步骤。

b. 实施OKR时，要注意总结上个季度的OKR，再确定本季度的OKR。

c. OKR工作法并不认为员工100%完成目标是最好的结果。

作为目标管理工具，OKR跟传统的目标管理法存在不少差异。比如，传统的目标管理法是在下个考核周期（即年末、季度末、月末）开始之前就制定考核目标，目标在考核期结束前不会改动，直到设定下个考核期之前才修正上次的目标。OKR则不同，更多的是以季度为周期进行目标管理（也有年度OKR），而且是先起草目标，试行大约三周后再最终确定目标。此外，OKR要求公司在每个季度的中间月份（即2月、5月、8月、11月）组织全员参与的员工大会，回顾OKR的实际执行情况。

OKR的基本执行流程主要分为以下四个阶段：

一、确定OKR

OKR的目标不仅要符合“SMART”原则的基本要求，还要具备足够的挑战性。比如，“今年增加30%的销售额”就没有“今年增加50%的销售额”有挑战性。前者在传统的目标管理法中更容易被采纳，但后者才是符合OKR工作法精神的选项。不过，具有挑战性的目标大多会让人不堪重负。一般情况下，我们建议员工每个季度制定4～6个目标就行了。

跟传统目标管理法一样，OKR的目标必须是管理者与员工经过直接沟通后达成的共识。考虑到管理者和员工的想法肯定会有差异，我们可以先调查上一层级的目标，在自己打算做的事情中挑选能推动组织目标进展的部分，以此来说服上级领导支持我们的OKR工作计划。

二、公布OKR

公布OKR不能只是公布目标规划就完了，还要讲清楚你为什么要制定这些目标，这些目标对公司发展有什么意义，完成这些目标需要大家提供哪些方面的支持等问题。此举是为了确保公司上下对目标的理解一致。

使用OKR工作法时应该使OKR全程公开，每个人都能看到公司其他人的OKR。上至CEO，下至各岗位的普通员工。我们通过了解别人的OKR，就能弄清自己设置的OKR是否合理，会不会跟其他人的OKR发生冲突。经过公开沟通，每个人都有望把自己的OKR设计得更加完善，协作起来就更顺畅了。

三、执行OKR

执行OKR是OKR工作法的重头戏，操作要领有两点：定期检查，必要时调整。我们可以用项目跟踪表或任务跟踪表来跟踪每项任务的进展，时刻做好记录，通过定期检查来回溯整个执行过程。检查周期以每周或每个月一次为宜。当我们检查OKR的执行情况时，应该考虑目标要求、当前进度、遇到的阻碍、问题产生的原因、需要什么样的支援和下一步计划等因素。

当OKR的执行获得了关键结果时，我们要围绕具体目标来分解任务。因为，每一项关键结果都会衍生出一系列需要交给其他同事处理的任务。项目负责人作为关键结果的负责人，有责任协调大家处理执行过程中的各种问题。

四、沟通和评估OKR完成情况

我们在每个季度的开始都要明确本季度的OKR，并在一个季度结束后对自己的工作表现打分。OKR的打分形式比较灵活，可以用星级评价，也可以采用0～1、1～5、1～10、1～100的评分形式。每过半年，公司就要组织一次绩效评估，根据员工在过去半年中的表现来调整职务和薪酬等级。所有的个人绩效评估内容及级别，都会在全公司公开，这样才能确保目标管理的透明性和公平性，同时也为众人树立了优秀的榜样。

需要注意的是，OKR和传统目标管理法不一样，并不把100%完成目标视为最佳结果。得高分者可能本身目标设定得比较低，缺乏挑战性，下个周期肯定会调整得更严格。得低分者不一定要被批评，总结经验教训，找出下一周期OKR的改进方法即可。

OKR工作法的执行难点

要点提示

a. 人们喜欢待在舒适区，而OKR工作法要求人们主动走出舒适区。

b. OKR要求企业在每个季度召开全员大会，但这很不容易实现。

c. OKR对企业管理层和普通员工的能力都提出了较大的挑战。

OKR工作法大概在2013年年底传入我国，并很快在互联网企业中推广开来。OKR在国内的发展虽然很快，但仍然存在不少障碍。我们在组织中推行OKR时，可能会遇到以下执行难点：

一、设置目标时舍不得走出舒适区

舒适区是一个人感到自在的范围，人一旦越过了舒适区，就会感到有压力，需要重新适应。舒适区可以扩大也可以缩小。突破自我局限的人，心理承受能力更强，思维也富有弹性，在完全适应新情况后就能扩大自己的舒适区。而那些思想僵化或心理承受能力差的人，由于不能适应新的变化，就会躲在舒适区里不出来。

人们总是倾向于待在舒适区里，设置不太高的目标，让自己能闲庭信步地完成一切任务。但OKR工作法追求具有挑战性的目标，敦促人们主动走出舒适区，正面承受新目标带来的压力。只要能勇敢迎接挑战，人们就会因为焦虑而产生应激反应，提升对工作的专注程度，构建新的舒适区。处于这种状态的员工会改善工作技巧，但多数人还是会本能地抵触OKR的挑战性原则。

二、季度评估时的难点

OKR的季度评估操作流程是，季度评估流程→员工总结和自评→邀请同事进行反馈→经理评估→绩效校准确保公平→绩效面谈（奖励分配面谈+员工发展面谈）。主要的操作难点在员工自评环节。

员工的性格千差万别。有的是完美主义者，对自己要求苛刻，在自评时会拼命压分；有的是得过且过者，容易自我感觉良好，在自评时会高估自己的贡献。两者打分的尺度完全不同，只看自评的话，可能会对员工的实际表现产生误判。

另外，心理学家的研究表明，虽然少数人过度自卑，但大部分人是过度自信的。在缺乏参照对象的时候，人们给自己打的分数往往偏高。老员工熟悉公司情况和其他同事的水平，自评相对贴近实际一些；新员工不了解他人的情况，可能会高估自己的表现。

三、OKR带来的挑战

OKR工作法对公司上下都提出了挑战。做好迎接挑战的准备，是用好OKR的前提。

1. OKR对基层员工的挑战

基层员工是企业中人数最多却最没有话语权的群体。在过分强调经济效益的企业中，基层员工的呼声难以上传给管理者，管理者也忽视基层员工的福利。当企业推进改革的时候，基层员工的执行力往往比较弱。因为他们不确定该怎么做，也不敢肯定改革是否对组织有利、对自己有利，于是采用拖延观望的方式，等待进一步的指示。

引入OKR工作法，要求基层员工有强烈的自主意识和挑战精神。这恰恰是他们最缺少的东西。基层员工更多的是把工作视为养家糊口的途径，而不是“自己的事业”。他们还对朝令夕改、只摊派任务而不增加待遇的管理层缺乏信任。这使得基层员工很难转变观念，真心认可OKR。

2. OKR对管理层的挑战

管理层长期处于绝对支配地位，特别是大企业的管理者容易产生官僚作风，不懂得怎么平等看待基层员工。他们只想着完成公司的目标任务，而不关心目标执行者的痛痒。OKR冲击了传统的管理层与基层员工的关系，要求管理者具有很强的开放心态和自我否定的勇气，并且必须学会尊重员工的合理诉求。

OKR会把组织团队中的所有目标、计划、工作进展、实际贡献等信息公开出来，让所有人都能知道其他人的工作表现如何。在过去，管理者可以利用信息不对称来掩盖自己人浮于事的情况。OKR工作法让这些弊病无所遁形。假如管理层的主要成员不是事业心极强的奋斗者，而是混日子的庸碌之辈，OKR的推行必然会遭受很大的阻力。

3. OKR对各部门协同能力的挑战

各部门相互踢皮球是组织管理中的一大难题。目标管理需要各部门齐心协力才能真正生效。但部门之间既有合作关系又有竞争关系，都想多占好处而推诿责任，本位主义思想根深蒂固。这种缺乏凝聚力的企业组织，是不可能实现目标管理的。而OKR对各部门的协同能力提出了很高的要求，各个部门不仅要想着把自己的事情做好，还要时刻想着对公司的未来发展负责。

为此，我们在设计OKR时，应该把各部门的OKR与公司的OKR融为一体，通过业务培训来加深各部门对公司OKR的理解，通过集体一同奖惩的利益驱动机制来提高部门的协同能力。我们还要把工作流程化、书面化、表格化，目标责任精确到具体的人，辅以必要的惩罚措施，督促各部门认真执行目标，加强部门之间的配合和沟通。

五个不可忽视的关键事项

要点提示

a. 实施OKR工作法的五个关键事项。

b. OKR是一个具有指导性的目标管理工具，而不是跟绩效挂钩的考核工具。

c. 所有人的OKR都是对内公开的，这些OKR共同确保企业按照目标规划正常运转。

企业管理者在实施OKR工作法的过程中，有五个关键事项是必须注意的。这些关键事项是从英特尔、谷歌、领英、明道等知名企业的目标管理实践中总结出来的宝贵经验，对我们正确使用OKR工作法有不可忽视的意义。

一、设置任务跟踪系统

OKR中的任何目标都必须有明确的限定时间。传统目标管理法通常只设定期限，OKR工作法除了设定期限外，还会设置多个小时间段的工作进度监控点，标明每道工序的限定时间。为了提高时间管理效率，我们应该设置WETASK（任务跟踪系统），任何细微的工作任务都要通过WETASK分配下去，把什么时间完成了什么工作的细节全部及时反馈到系统上。

在任务跟踪系统的约束下，员工会逐步养成及时汇报工作的好习惯，无须管理者刻意去催促。此外，任务跟踪系统会在各个小时间段提醒目标执行者注意工作进度，增加员工的紧迫感，减少拖延行为。

二、最佳评分在0.6～0.7

在一般情况下，员工会在每个季度制定4～6个OKR，保持一定的目标挑战性，又不至于被过量的工作压垮。在季度末给关键结果评分时，OKR工作法有个颠覆传统管理理念的做法，那就是不追求100%完成目标任务。如果采用的是0～1的评分体系，OKR的理想分值并不是代表100%完成目标的“1”，而是0.6～0.7。

这是因为，OKR工作法倡导目标执行者要有雄心，制定一些具有挑战性的、比较难完成的困难目标。能够做到100%，意味着目标任务缺乏挑战性，执行者赢得太轻松。这样虽然保险，但不利于成长进步。所以，OKR把毫无进展评为0分，把有所进步但进展不大评为0.3分，1分代表你完成了一个简单的任务，而0.6～0.7分代表你完成了一个比较有难度的任务。

当评分低于0.4分时，该项目虽然没有失败，但是否有继续进行下去的价值，就得重新考虑了。当评分高于0.8分时，我们应该考虑自己是否可以设定更有挑战性的目标。

三、不必跟绩效挂钩

把OKR当成KPI来用，是个很大的错误。OKR并非考核工具，而是一个工作指导工具。它的主要目标不是考核团队或员工的表现，而是时刻提醒每个团队、每个人认清当前需要做的任务。OKR的评分结果不应该跟绩效奖金挂钩，那是传统目标管理法的做法。这样会给员工带来一个比较宽松的工作环境，也更符合“鼓励成功，宽容失败”的创新精神。

当OKR跟绩效考核直接挂钩时，员工会害怕因为得分低而扣除奖金，他们会像厌恶KPI那样厌恶OKR，变得越来越小心翼翼，故意设定没有挑战性的目标。这无疑跟OKR的最佳评分原则背道而驰。

四、OKR工作法需要全程透明

OKR追求全程透明的工作氛围，所有人都能在系统上查到任何一位同事当前的OKR和过去的OKR评分。OKR工作法提倡信息对内公开原则（对外依然是保密的）。通过信息共享来实现工作流程透明化，更好地发现目标执行过程中存在的问题，以求及时解决问题，促成各方的共同成长。但这对很多企业管理者和员工来说，是一件难以接受的事情。他们害怕别人看清自己的真实水平，千方百计地想隐藏信息。这个观念的转变，也许还需要较长的时间。我们在使用OKR工作法时，不能过于冒进，而应该结合国情稳步推行。

五、按季度来评估调整

OKR跟传统目标管理法一样，分为多个层级，每个部门、每个团队、每个员工都有自己的OKR。无论级别如何，人人都要制定和服从

OKR。年度OKR指导全年的工作，但并非是固定不变的目标规划，完全可以及时调整。一般情况下，季度OKR就相对固定，试行顺利的话就不会轻易改变。

为了确保OKR执行效果，我们应该在每周、每月定期检查，每个季度做一次评估调整，根据O（目标）的达成率和KR（关键结果）的完成度来打分。一般采用0～1分的分数制，还可以用不同的颜色来区分OKR的完成状况。

每个季度结束后的OKR评分，并不直接决定目标执行者的升降和待遇，更多的是用来提醒该员工，本季度的工作完成得如何，未完成的工作问题出在哪里，下一季度的工作重心是什么。OKR评分的另一个重要内容是KR和O的设置是否合理。如果KR实现了而O没有实现，就说明最初设定的KR不能支撑O的完成，这时候就应该及时修正OKR了。

利用任务看板把团队目标变得可视化

要点提示

a. 使用目标管理法时应该罗列任务清单，把一段时期内需要做的事一条条列清楚。

b. 任务清单从最重要的工作开始，把最不重要的工作排在清单的末尾。

c. 管理者可以设置任务看板，让团队目标变得可视化。

任务看板是一种可视化的目标管理方法。它通过不同颜色和形状的贴纸或电子卡片墙来展示组织团队目标各部分状态。通过设置任务看板，团队内部成员可以共享团队各环节目标完成进展的信息，提高管理沟通效率。

一、任务看板的基本特征

任务看板的设置方式不能生搬硬套，必须根据目标任务的实际情况来制订。通常而言，我们设置的任务看板应当具备以下四个特征：

◆必须用直观化、形象化的方式来表现任务流程。

◆做任务分类的时候，应该按照“已完成”和“待完成”的差异来划分不同的任务状态栏，没有完成的任务归入待办栏当中。

◆标明各个栏中的任务流程状态，使各项任务变得可视化。

◆关注当前任务，规定每个任务状态栏上最多能出现的任务数。

任务看板可以采用传统的黑板、白板模式，也可以采用电子任务流程图的形式。无论哪种形式都应该符合上述要求。

二、任务看板的五个用处

看板管理之所以能提高组织团队的工作效率，是因为任务看板拥有以下五个用处：

1. 传递信息，统一思想

任何参与执行团队目标的人，都能随时从任务看板中了解目标执行的最新进展，并从中更加明确自己接下来需要做哪些任务。这样可以避免目标信息在传递过程中发生错漏，导致执行流程出现缺环，影响任务的整体进度。此外，任务看板可以清楚地显示执行过程中出现的问题，让员工根据看板反映的信息来提出自己的意见，以供团队成员集体讨论。这样公开沟通协作，能有效地统一众人的思想，确保团队的努力方向一致。

2. 避免目标管理过程中的纰漏

看板管理的任务栏每天都在随着任务实施进展而变化。目标责任人可以通过任务看板来直接掌握当前的工作进度和工作质量，更好地完成目标管控决策工作，减少目标管理的漏洞。

3. 确保绩效考核公平

所有团队成员的目标执行成果都公开在任务看板上，谁先进谁落后一目了然，这样就能保证团队绩效考核的透明性和公平性，起到鼓励优秀者和鞭策落后者的作用，减少因绩效考核而产生的争议。

4. 确保目标有序执行

每个岗位的责任人都能根据任务看板的提示信息来掌控工作重点，对当前存在的问题进行有效处理，保证目标执行不偏离组织团队的整体目标规划，从而推动工作的有序进行。

5. 树立组织团队的专业形象

看板管理是发达国家运用多年的成熟管理方法。所以，当客户来访时，如果看见了规范的任务看板，就会感觉企业的管理思路清晰、目标计划明确、工作井然有序，确实是专业素养较高的团队。这样一来，他们就会更加放心地把合作项目交给公司来做。

三、制作任务看板的注意事项

我们在制作任务看板时，应该注意以下几个细节：

1. 设计合理，便于维护

任务看板的内容必须主次分明、重点突出，版面风格应该简明大方。

2. 动态化管理

管理者应该定期更新看板内容，而且动态信息必须坚持以目标计划进度为主线，注意使用量化的数据或图形把问题解释得清楚易懂。

3. 内容全面而醒目

任务看板的内容应该涵盖团队全体成员的工作内容。管理者可以采用多种形式的看板相结合的办法，让任务看板的内容更加全面、丰富、精确。

总之，任务看板是为了完善目标管理法而存在的一种管理工具。能否有效操作，关键是看组织团队领导者是否对目标管理法有充分的了解。因为，任务看板体现的是目标管理的过程和结果，只有在娴熟掌握目标管理法原理的情况下，我们才能真正用好任务看板。

APPENDIX

附录

人力资源管理目标任务考核指标分解表

目标任务	考核指标	总分值	考核指标分解	单项分值
人力资源规划	人力资源规划编制完成率	5	人力资源规划编制完成率	2
			人力资源规划编制及时率	1
			人力资源规划编制完整性	1
			人力资源规划方案提交及时率	1
	人力资源规划达成率	6	人力资源规划达成率	3
			人力资源规划执行效果	3
	人力资源业务计划完成率	6	人力资源业务计划完成率	3
			人力资源业务计划执行及时率	1
			人力资源业务计划执行效果	2
	人力资源成本预算达成率	4	人力资源成本预算达成率	2
			人力资源成本预算制定及时率	1
			人力资源成本预算准确性	1
招聘与录用	招聘计划编制及时率	3	招聘计划编制及时率	1
			人员需求计划编制及时率	1
			招聘费用预算控制率	1

（续表）

目标任务	考核指标	总分值	考核指标分解	单项分值
招聘与录用	招聘计划完成率	6	招聘计划完成率	1
			招聘渠道拓展计划完成率	1
			招聘流程改进目标达成率	1
			人员配置及时率	1
			录用人员适岗率	1
			招聘空缺岗位的平均时间	1
	招聘效果评估报告提交及时性	4	招聘效果评估报告提交及时率	1
			招聘效果	3
培训与开发	培训计划完成率	5	培训计划提交及时率	1
			培训计划完成率	2
			员工职业生涯辅导计划完成率	2
	培训效果	5	培训考核达标率	2
			员工任职资格达标率	1
			职称评定申报及时率	1
			培训效果评估报告提交及时率	1
	培训成本达成率	4	培训预算达成率	4
	培训档案归档率	2	培训档案归档及时率	1
			培训档案完整性	1
绩效管理	绩效考核计划按时完成率	5	绩效考核计划提交及时率	1
			绩效考核计划按时完成率	2
			绩效考核体系优化目标达成率	1
			绩效考核申诉处理及时率	1
	绩效评估报告提交及时率	3	绩效评估报告提交及时率	1
			绩效激励方案编制及时率	2
	绩效考核成本控制率	3	绩效考核成本控制率	3
	绩效考核档案归档率	3	绩效考核档案归档率	1
			绩效考核档案归档及时性	1
			绩效考核档案归档完整性	1

（续表）

目标任务	考核指标	总分值	考核指标分解	单项分值
人员测评管理	测评计划执行率	5	测评方案通过率	1
			测评计划执行率	2
			测评指标提取有效率	1
			测评报告提交及时率	1
	测评费用控制率	2	测评费用控制率	2
薪酬福利管理	薪酬调研报告提交及时率	3	薪酬调研报告提交及时率	1
			薪酬调研报告完整性	1
			薪酬调研报告准确性	1
	工资奖金报表编制及时率	4	工资奖金报表编制及时率	1
			工资奖金核算按时完成率	2
			各项保险基数核定的及时性	1
	薪酬福利核算准确性	5	工资奖金计算差错次数	2
			各项保险基数核定的准确性	1
			工资奖金发放差错次数	2
	企业人力成本控制率	4	企业人力成本控制率	4
劳动关系管理	劳动合同管理流程完善率	3	劳动合同管理流程完善率	1
			企业劳动合同版本编制合格率	1
			入职手续办理及时性	1
	劳动合同签订率	6	劳动合同签订率	2
			劳动合同签订及时率	1
			劳动合同签订差错率	1
			劳动合同资料归档率	2
	劳动争议纠纷处理及时率	4	劳动争议纠纷处理及时率	2
			核心员工离职率	2

采购管理目标任务考核指标分解表

目标任务	考核指标	总分值	考核指标分解	单项分值
采购计划管理	采购计划编制及时率	10	采购计划编制及时率	3
			采购计划编制完整率	3
			采购计划编制准确率	4
	采购计划完成率	20	采购计划完成率	5
			采购计划执行及时率	5
			采购订单按时完成率	5
			采购错误次数	5
采购费用控制	采购成本降低率	10	采购预算达成率	4
			采购成本	3
			采购成本降低率	3
采购调研管理	采购调研任务完成率	5	采购调研任务完成率	3
			采购调研报告上交及时率	2
	采购调研信息准确率	5	采购调研信息准确率	2
			采购物资价格合理性	3
采购物资管理	采购物资到货率	10	采购物资到货率	5
			采购物资到货量	2
			采购物资到货及时率	3
	采购物资质量合格率	15	采购物资质量合格率	6
			物料使用不良率	3
			物料退货率	3
			采购质量重大事故次数	3
	采购物资供应及时率	5	采购物资供应及时率	3
			采购物资周转天数	2

（续表）

目标任务	考核指标	总分值	考核指标分解	单项分值
供应商管理	供应商开发计划完成率	10	供应商开发计划完成率	5
			新开发供应商数量	3
			优秀供应商开发数量	2
	供应商满意度	5	原优秀供应商保留率	2
			供应商满意度	3
部门协作管理	部门协作满意度	5	部门协作满意度	3
			采购问题投诉次数	2

POSTSCRIPT

后记

现代企业管理知识已经发展成一个庞大驳杂的体系，但还是有不少企业存在管理效率低下、浪费资源以及人浮于事的现象。管理者不懂得把能量聚焦于关键领域，员工则往往缺乏奋斗动力，不知该如何实现目标。目标管理法为组织和个人都树立了明确的目标，并对达成目标所需的资源以及实现目标的路径做了统筹安排。如果能坚持按目标管理规划做事，我们就能循序渐进地克服各种阻碍，一步一步达成目标。

起初，我想把本书写成百科全书式的作品，设计章节时贪大求全，唯恐不能面面俱到。过高的目标增加了写作难度，又导致知识点难以充分展开，只能浅尝辄止。当计划进行到将近一半时，我才发现很多实用的内容只能一笔带过，因此让读者看得晕头转向。于是，我被迫修正目标，推翻了原先的计划，转而从目标管理法的操作流程入手，重点讲述关键信息。

既然目标更新了，目标规划必须随之调整。原本充裕的写书时间一下子变得很紧张。平均每日工作量翻倍，各阶段的实际用时大大增加。那种疲于奔命的窘迫，至今让我心有余悸。

其实，目标管理法没什么秘密，操作方法易学易懂。但是，能不能用好它，全看你能否克服自己的惰性和“迷之自信”。